Título da edição original: *Open Your Mind to Receive: Revised Edition*
© 2008 by Catherine Ponder
All rights reserved.

Direitos da edição em português © 2010.
Editora Vida e Consciência Ltda.
Todos os direitos reservados.

Projeto gráfico: Bruno Bega Harnik
Diagramação: Andreza Bernardes e Bruno Bega Harnik
Tradução: Paulo Afonso
Revisão: Mônica Gomes d'Almeida

1ª edição — 2ª impressão
5.000 exemplares — maio 2013
Tiragem total: 8.000 exemplares

Dados Internacionais de Catalogação na Publicação (CIP)
(Câmara Brasileira do Livro, SP, Brasil)

Ponder, Catherine
Abra sua mente para receber / Catherine Ponder ; [tradução Paulo Afonso].
-- São Paulo : Centro de Estudos Vida & Consciência Editora.

Título original: Open your mind to receive.
ISBN 978-85-7722-118-9

1. Atitude - Mudança 2. Atitude (Psicologia) 3. Conduta de vida 4. Controle da mente 5.Desenvolvimento pessoal 6. Felicidade 7. Meditação 8. Sucesso I. Título.

10-08912   CDD-158.1

Índices para catálogo sistemático:
1. Pensamento positivo : Psicologia aplicada 158.1

Publicação, distribuição, impressão e acabamento
Centro de Estudos Vida & Consciência Editora Ltda.
Rua Agostinho Gomes, 2312
Ipiranga — CEP 04206-001
São Paulo — SP — Brasil
Fone/Fax: (11) 3577-3200 / 3577-3201
E-mail: grafica@vidaeconsciencia.com.br
Site: www.vidaeconsciencia.com.br

Este livro adota as regras do novo acordo ortográfico (2009).

Proibida a reprodução total ou parcial desta obra, de qualquer forma ou por qualquer meio eletrônico, mecânico, inclusive através de processos xerográficos, sem permissão expressa do editor (Lei n° 5.988, de 14/12/73).

Abra sua mente para receber

Catherine Ponder

Sumário

Introdução: É hora de receber! Um convite da autora _____ 7

1. Abra sua mente para receber _____ 15

2. O dom da libertação _____ 31

3. O dom da profecia _____ 43

4. O dom de obter sempre o melhor _____ 57

5. O dom de mudar de atitude em relação às pessoas _____ 69

6. O dom do crescimento e da expansão _____ 83

7. O dom da prosperidade crescente _____ 95

8. O dom da concordância _____ 109

O sol dourado – Significado _____ 125

Nota da autora _____ 127

Introdução
É hora de receber!

Um convite da autora

Com tantas necessidades financeiras no mundo de hoje, por que um livro sobre "receber" se faz necessário? A maioria de nós pode presumir que o sucesso é um processo normal, principalmente nesta fase da economia, quando quase todo mundo precisa receber alguma coisa, em alguma etapa da vida.

Um psiquiatra que atende pessoas ricas explicou recentemente: "Muitos de meus talentosos e bem-sucedidos clientes — em um número surpreendente — ainda se consideram imprestáveis. Sentem-se culpados por terem grandes somas de dinheiro. Minha tarefa é ajudá-los a aceitar a boa sorte e aproveitá-la". Por esse trabalho, ele recebe mais de cem dólares por hora.

Uma atriz famosa disse recentemente: "Eu achava que tinha de ser pobre para poder procurar a verdade de forma sincera. Agora sei que não é bem assim. Podemos procurar a verdade enquanto olhamos pela janela de nosso jato, ou enquanto nos deliciamos na suíte de um hotel de luxo".

Durante a entrevista, alguém perguntou a ela: "Como você pode falar de valores espirituais quando está cercada de tanta beleza?" E ela respondeu:

"A beleza e o luxo são parte do reino de Deus. Portanto, por que não podemos ter o melhor? O importante é não vendermos nossa alma em troca dessas bênçãos. Pelo contrário, é por meio do crescimento espiritual que essas bênçãos chegam até nós e permanecem definitivamente conosco."

Como uma empresária se uniu à abundância universal

A religião costuma equacionar a cura com a espiritualidade. Imaginamos Deus como um Criador amoroso, interessado na cura de nossos corpos doentes. Assim sendo, por que o mesmo Criador amoroso não estaria interessado em curar nossos bolsos doentes? As bênçãos de Deus podem operar milagres na área das finanças, tão seguramente quanto na área da saúde. Como Deus é a fonte de tudo o que possuímos, a verdadeira prosperidade tem uma base espiritual. Portanto, o aspecto financeiro da criação de Deus é tão espiritual como qualquer outro. "Do Senhor é a terra com o que ela contém, o universo e os que nele habitam", prometeu o salmista (Salmos 24:1).

Certa empresária estava desesperada com sua situação financeira. Seus negócios iam mal. Sem saber o que fazer, foi para uma praia. Permaneceu lá o dia todo e parte da noite. Durante esse tempo, ocorreu-lhe que os grãos de areia nas praias do mundo são incontáveis. À noite, olhou para o céu e percebeu que as estrelas também não podem ser contadas. Olhou para o mar e lembrou que os peixes dos oceanos botam tantos ovos que, se todos os filhotes sobrevivessem, as águas inundariam as regiões litorâneas dos continentes.

Por fim, pensou como as folhas das árvores continuam a se multiplicar, ano após ano. Ela ficou tão consciente da abundância do universo que afirmou:

"Sim! O Universo é pródigo, abundante, extravagante e foi concebido para meu uso e prazer."

Quando começou a se sentir parte da abundância universal, seus pensamentos se concentraram na fartura, em vez da carência. E seus negócios logo melhoraram.

Por que devemos passar a vida empobrecidos, quando vivemos em um universo tão abundante, com tantas coisas concebidas para nós? Como apontei em minha série de livros *The Millionaires of the Bible* [Os milionários da Bíblia], as Sagradas Escrituras estão repletas dessas promessas.

Como a aceitação mental trouxe bons resultados

Uma executiva escreveu recentemente: "Descobri que, quando obedecemos às leis da prosperidade, nós enriquecemos — se aprendermos a *aceitar* a abundância. Tenho me empenhado em vivenciar a prosperidade e em aprender a *aceitá-la*. Eis alguns dos resultados:

Na minha área profissional, aumentos de salários são poucos e esparsos. Mesmo assim, recebi uma gratificação inesperada que alguém negociou para mim. Foi uma bênção adicional. Quando precisei comprar um par de pneus para meu carro, dinheiro me foi dado para cobrir os custos. Uma quantia que há muito me era devida começou a ser paga. Em determinado mês, pedi um aumento razoável. Recebi *quatro* vezes o valor pedido! Um antigo acordo financeiro está começando a se concretizar. Meus relacionamentos com as pessoas estão mudando rapidamente, e para melhor.

Na casa onde moro, existe um enorme gramado. Eu não sabia o que fazer para manter a grama aparada. Certo dia, permiti que o proprietário da casa utilizasse um grande galpão que existe no terreno. Ele aceitou a oferta, educadamente. Em troca, ofereceu-se para fazer a manutenção do gramado. Aceitei a oferta, educadamente.

Alguém precisou de uma foto minha. Eu disse:

— Não tenho nenhuma, mas vou ver o que posso fazer.

Num espaço de duas semanas, um funcionário da empresa onde trabalho, que costuma bater fotos para os colegas, ofereceu-se para tirar fotos minhas, sem custo nenhum.

Precisei fazer umas horas extras. Com isso, dediquei-me ainda mais ao trabalho. Estou colhendo bons resultados. Fui convidada a colaborar no boletim da empresa. Um mês depois, fui nomeada editora. Alguém pode perguntar: 'Mas o que há de tão maravilhoso nisso?' Minha resposta: 'O que poderia ser melhor do que fazer horas extras e receber, além disso, um treinamento que poderá ser bastante útil no futuro?'

Assim que recebo qualquer soma em dinheiro, preencho o cheque do dízimo. Isso mantém e aumenta o fluxo.

Sim, estou trabalhando na questão da prosperidade. É um conceito inteiramente novo, portanto tenho de persistir. Com resultados como os que descrevi (e há muitos outros), os esforços e os estudos valem a pena. Acho lindo esse movimento ascendente em minha vida. E aceito seus generosos benefícios, todos eles."

O progresso pessoal da autora

Quando escrevi *As leis dinâmicas da prosperidade*, meu primeiro livro sobre o assunto, na década de 1960, vivia em Birmingham, Alabama — conhecida como "a cidade mágica". Realmente, foi mágica para mim. Ainda nos idos de 1950, morando em um quarto alugado, eu havia começado a escrever um livro sobre prosperidade. Quando estava na metade da obra, minha vida melhorou de forma radical. As melhorias incluíram um casamento e uma mudança para o sudoeste, onde meu marido lecionava na Universidade do Texas.

Muito mais tarde, após a morte prematura de meu marido, minha vida novamente mudou. No início dos anos 1970, fui morar em San Antonio, ainda no Texas. Casei-me novamente e escrevi uma continuação do livro anterior. Pela primeira vez, estava vivendo em minha própria casa.

No início da década de 1980, minha vida melhorou ainda mais. Pareceu-me então apropriado brindar vocês, leitores, com uma sequência das duas obras precedentes. O manuscrito foi redigido em meu estúdio particular, anexo à nossa casa — situada em um bairro cheio de celebridades no sul da Califórnia, na linda cidade de Palm Desert, nos arredores de Palm Springs. Foi uma bênção dispor, finalmente, do espaço e da privacidade que eu tanto almejava para escrever meus livros — além de uma boa equipe para me auxiliar nas diversas fases da publicação dos meus trabalhos. Mais tarde, já no século 21, mudei-me para instalações maiores em uma área tranquila da cidade. Essa mudança me proporcionou um estúdio independente, mais afinado com meu ciclo de vida, que se expandia, e com meus novos compromissos profissionais.

Como se vê, abrir minha mente para receber foi uma capacidade que desenvolvi aos poucos, ao longo do tempo. Acredito que a desenvolverei ainda mais. Há preces a serem atendidas e sonhos a serem realizados. Minhas correspondências apresentam incontáveis relatos de pessoas que prosperaram mais do que eu. Isso me leva a crer que qualquer pessoa pode usufruir de progressos semelhantes, desde que siga fielmente — ano após ano, de forma consistente e sincera — as leis universais da abundância inspiradas por Deus. Os resultados estarão em conformidade com a personalidade de cada um.

A filosofia para alcançar o sucesso, sobre a qual escrevo, não contém nenhuma fórmula arriscada do tipo "enriqueça rapidamente", mas descreve um processo de desenvolvimento que gratifica a alma e oferece um caminho de prosperidade ilimitada a quem quiser evoluir.

O progresso profissional da autora

Abrir minha mente para receber foi um procedimento que, além de beneficiar minha vida pessoal, abriu-me portas na vida profissional, portas que jamais imaginei que se abririam.

Quando comecei a escrever sobre prosperidade, fiz algumas palestras sobre o assunto em Palm Beach, na Flórida. Desde então, felizmente, fui convidada a falar sobre os princípios universais da prosperidade na maioria das grandes cidades americanas e em todas as partes do país, concedi numerosas entrevistas na televisão, no rádio e na mídia impressa.

Os princípios da abundância descritos neste livro me ajudaram a servir a uma igreja no sul dos Estados Unidos, com bastante sucesso, e a fundar outras igrejas a partir do zero, financeiramente falando. Meu ministério alcança atualmente cinquenta estados americanos e inúmeros países. Meus livros são traduzidos no exterior, e convites para palestras chegam a mim de todos os cantos do planeta. Hoje em dia, infelizmente, não posso honrar todos os convites, mas me sinto feliz por poder continuar a pesquisar e a escrever sobre a questão da abundância.

As correspondências que recebo de leitores do mundo inteiro estão repletas de histórias felizes (algumas são contadas neste livro). Histórias que demonstram como pessoas de todas as posições sociais conseguiram abrir suas mentes para receber. E ensinarão você a fazer o mesmo!

Minha vida pessoal e profissional inclui benefícios adicionais, como inserções no *Who's who* e no *Social register*[1], e a obtenção de um doutorado honorário.

Um convite para o sucesso

Recentemente, um empresário de um país localizado na África Ocidental tentou me encorajar a continuar meu trabalho declarando: "Que você não se canse nunca!"

Espero que este livro possa encorajá-lo também, leitor. "Que você não se canse nunca" de estudar as leis universais da abundância. Mesmo que já as tenha aplicado antes, elas poderão

---

1 Publicações de língua inglesa com dados biográficos de pessoas famosas (Nota do Tradutor).

ajudá-lo a abrir a mente e receber um bem maior — mais perfeito — em todos os aspectos da vida, assim como ajudar outras pessoas.

A aplicação dessas leis é particularmente apropriada na economia atual, quando muita gente se vê forçada a trocar os métodos externos e materiais por métodos internos e espirituais para alcançar a prosperidade. A prosperidade não deve mais ser encarada apenas como assunto político-econômico, e sim como o resultado de uma crescente compreensão do universo. A verdadeira abundância, em todos os patamares da vida, decorre do desenvolvimento de uma consciência próspera. E "consciência" é o resultado das ideias que conservamos em nossa mente. Assim, convido você a conservar em sua mente as ideias aqui divulgadas. Esse processo lhe permitirá agir da forma mais adequada.

Catherine Ponder

1.

Abra sua mente para receber

Por que é necessário abrir a mente, de forma deliberada, para receber? Porque muitos de nós levamos uma existência difícil e angustiante sem nenhum motivo. Nesse processo, impedimos as coisas boas de chegarem até nós.

Não há nada de divino em uma existência difícil. Não há nada de divino em um modo de vida angustiante e mesquinho. Esse tipo de vida não prova nada, exceto a insensatez e ignorância de muitos seres humanos, que vivem em um universo de pródiga abundância.

Quem leva uma existência difícil e angustiante não está expressando sua verdadeira natureza. Está apenas ludibriando a si mesmo.

Se isso aconteceu com você, saiba que pode mudar as coisas!

A palavra "receber" significa "aceitar". Os psicólogos explicam que podemos obter qualquer coisa que desejamos mentalmente, mas primeiro temos de *aceitá-la* mentalmente. Boa parte do ato de receber, portanto, é aceitar em sua mente os benefícios desejados, em vez de lutar contra eles.

Um empresário bem-intencionado, obviamente empenhado nesse tipo de aceitação, perguntou-me em uma sessão de autógrafos:

— Essas histórias de sucesso em seus livros são todas verdadeiras? Algumas não são inventadas?

— Por que você está perguntando isso? — indaguei.

— Porque parecem boas demais para ser verdade.

— Há quanto tempo você está lendo sobre o poder do pensamento positivo?

— Há mais ou menos um mês — disse ele.

Isso explica a descrença. Ele ainda estava tão condicionado por suas crenças limitadas a respeito do mundo que ainda não aprendera que "nada é bom demais para ser verdade".

Expliquei a ele que, para cada história de sucesso que incluo em meus livros, pilhas de outras ficam de fora. Os resultados do pensamento positivo são tão numerosos que não consigo relatar todos (e os que me são contados constituem apenas uma fração das experiências felizes das pessoas que puseram em prática as ideias sugeridas em meus livros).

Aquele jovem estava tentando abrir a mente para receber, mas ainda não aceitava a ideia de que uma infinita prosperidade era uma herança ao seu alcance. Para ajudá-lo, sugeri que ele repetisse — durante pelo menos cinco minutos por dia — esta afirmação bem conhecida:

Nada é bom demais para ser verdade. Nada é maravilhoso demais para acontecer. Nada é bom demais para durar.

Como uma professora prosperou

Uma professora me escreveu: "Embora eu tenha estudado o poder do pensamento positivo durante anos e tenha obtido grandes progressos por meio dessa filosofia, descobri recentemente que fazia uma coisa errada: afirmava que tinha uma 'renda fixa'. E tentava atrair uma renda fixa maior. Ainda não abrira a mente para a possibilidade de obter uma renda ilimitada de formas ilimitadas. Quando percebi o erro, comecei a repetir em voz alta, sem parar, as seguintes palavras: *Estou recebendo. Estou recebendo agora. Estou recebendo toda a riqueza que o universo tem para me dar agora.* Dentro de poucas horas, recebi um telefonema de uma companhia de TV a cabo que acabara de chegar à cidade, convidando-me para ir até sua sede. Seus executivos queriam conversar comigo sobre a possibilidade de produzir alguns programas para crianças deficientes e com dificuldades de aprendizado — era um material que eu já havia desenvolvido. Compareci à entrevista e combinei o trabalho, que vai me proporcionar uma renda considerável. Continuei repetindo as palavras. Subitamente, a empresa de meu marido tomou um impulso inesperado. Muitos clientes apareceram com móveis para ele consertar. Os serviços o mantiveram ocupado e feliz por um bom tempo".

Essa mulher continuou a repetir diariamente aquelas palavras, afirmando que estava recebendo. Mais tarde, ela relatou: "Parece que o dinheiro está vindo para mim de todos os cantos do universo. Acabei de vender um filme que será exibido nas escolas, com atrações para crianças da pré-escola e de comunidades carentes. Vendi também um filme sobre jogos infantis, que fiz há alguns meses. Muitos pedidos estão começando a chegar ao distribuidor. Tudo isso aconteceu porque, diariamente, passei a abrir minha mente para receber."

Muitas pessoas lutam contra as coisas boas, em vez de aceitá-las. De maneira insensata, pensam que não podem obter nem pedir tais coisas.

Essas não são atitudes do filho de um Rei. Não se sobrecarregue com ideias falsas. Faça como aquela professora e veja o que acontece quando você abre a mente para receber.

Como uma empresária faturou 30 mil dólares trabalhando meio período

A maioria de nós já ouviu muitas coisas a respeito de doar, mas quase nada sobre receber. Na época do Natal, por exemplo, a ênfase recai geralmente sobre doações e mais doações. O resultado é que muitas pessoas sentem dificuldade em receber alguma coisa.

Doar é apenas uma das metades da lei da prosperidade. Receber é a outra metade. Podemos doar à vontade, mas estaremos desequilibrando a lei se não esperarmos receber. Muitas pessoas desestabilizam a lei porque esperam não receber nada — e não recebem.

Na época em que eu estava escrevendo meu livro *Abra a mente para a prosperidade*, uma mulher muito bonita e bem-vestida me contou: "Quando comecei a estudar o pensamento positivo, prosperei tão rapidamente que cheguei a ficar assustada. Acabara de sair de um divórcio e só tinha dinheiro para me manter alguns meses. Mesmo assim, decidi arriscar o pouco que tinha e abri uma empresa. Eu esperava faturar entre quatro e seis mil dólares no primeiro ano. Em vez disso, faturei entre quatro e seis mil dólares nos primeiros meses. No primeiro ano, ganhei 30 mil dólares trabalhando meio período. Este ano, provavelmente, meu faturamento será de 50 mil dólares".

Minha motivação para contar esta história é a declaração final da empresária: "Meu maior problema tem sido não me sentir culpada por receber tanto".

Deus tem prazer em lhe oferecer Seu Reino, e você deve aceitá-lo com prazer.

Por que uma indústria foi à falência

Um jornal relatou recentemente a história de um fabricante de camisetas que faliu. A notícia mostrou o porquê. Achando muito engraçado, ele colocara o seguinte *slogan* nas costas de cada camiseta: "Dinheiro não é tudo".

Aquele homem não conseguia aceitar mentalmente a ideia da prosperidade sob a forma de dinheiro. Não abrira a mente para receber e, obviamente, não teve sucesso.

Devemos tomar cuidado com o que notamos, com o que falamos e com o que nos interessa, pois atrairemos essas coisas para nossas vidas.

Tudo que notamos convidamos a entrar em nossas vidas.

Tudo sobre o que falamos convidamos a entrar em nossas vidas.

Tudo que nos interessa, por meio de pensamentos, palavras e ações, convidamos a entrar em nossas vidas.

Se você gosta de falar sobre guerras, crimes, doenças, problemas financeiros ou discórdias, e se identifica com esses assuntos, este será o repertório convidado a entrar em sua vida. E, segundo a lei da ação mental, o convite será aceito.

Como o dono de um restaurante se identificou com o fracasso

Era uma vez o dono de um restaurante que achava que iria falir. Convidou-me então para comer em seu restaurante. Quando lá cheguei, percebi o motivo por que seus negócios não iam bem. Era óbvio: o restaurante tinha uma atmosfera sombria e pouco acolhedora. Sugeri que ele a tornasse mais alegre, se queria que as pessoas procurassem o estabelecimento para comer e relaxar.

Na saída, descobri mais uma razão para o negócio não ir bem. Perto da caixa registradora havia um "letreiro engraçado", com os seguintes dizeres: "Este é um negócio sem fins lucrativos. Não planejamos isso. Apenas aconteceu".

A brincadeira havia grudado no homem. Mentalmente,

ele se identificara com um negócio "sem fins lucrativos", e foi o que o atraiu. Sugeri que ele jogasse fora o letreiro e parasse de falar em carências, se quisesse prosperar.

A mentalização de determinadas coisas atrairá tais coisas, portanto tenha cuidado. As coisas que o interessam, sobre as quais você discute e com as quais se identifica são as coisas que você convida para entrar em sua vida — queira ou não.

Abra sua mente para receber, procurando se identificar com coisas que deseja atrair para sua vida, dedicando-lhes atenção e falando sobre elas — apenas isso.

Como um homem se recuperou de uma doença ao se ligar em coisas positivas

Certa vez, jantei com um famoso professor de autoajuda em sua casa no alto de uma colina, com vista para Los Angeles. Eu estava realizando um ciclo de palestras na área, e seu convite para jantar me surpreendeu, pois eu sabia que ele passara por uma séria cirurgia poucas semanas antes. Muita gente que o conhecia estava achando que sua carreira chegara ao fim e ele teria de se aposentar por motivos de saúde.

> Abra sua mente para receber, procurando se identificar com coisas que deseja atrair para sua vida, dedicando-lhes atenção e falando sobre elas.

Entretanto, quando cheguei à sua bela casa para jantar, ele veio me receber alegremente. Outros amigos logo chegaram, e passamos uma noite agradável, em meio a tagarelices e reminiscências. A recente cirurgia pela qual ele passara jamais foi mencionada. E seu estado de saúde não foi discutido.

Apesar das previsões negativas, aquele homem deu a volta por cima, tanto na saúde quanto na carreira. Em pouco tempo, ele foi aceito por uma igreja ainda mais prestigiosa do que aquela à qual servira antes. Em seguida, escreveu diversos livros sobre os quais fez palestras no mundo inteiro (eu tive o prazer em ser uma das pessoas convidadas a substituí-lo enquanto ele esteve fora).

Durante muitos anos, ele continuou forte, proferindo diversos sermões por semana em sua igreja e outras instituições. Tinha um programa de rádio diário, um serviço de disque-oração e, ocasionalmente, fazia um programa de televisão. Escrevia um livro por ano, como sempre fizera. Só veio a se aposentar 15 anos após a cirurgia. Quando finalmente morreu, com 86 anos de idade, havia sobrevivido a muitos de seus parentes, amigos e colaboradores fiéis.

Mais de duas décadas antes, quando todos diziam que ele estava acabado, aquele homem, de forma deliberada, abriu sua mente e recebeu um influxo de saúde, ao se ligar com coisas positivas. Deu a volta por cima (quando "afirmavam" que isso não seria possível), concentrando-se em coisas alegres e agradáveis, em vez de remoer a grave cirurgia pela qual passara.

Como reconhecer sua fonte

Abra sua mente para receber, dizendo a Deus o que quer, em vez de ficar comentando o assunto com outras pessoas.

Comentar seus desejos com outras pessoas poderá dissipá-los, porque Deus é sua fonte de benefícios — não as pessoas. Embora pessoas, ideias e oportunidades sejam *canais* de suprimentos, Deus é a fonte, pois Deus cria as ideias e as oportunidades. Por meio da lei da ação mental, Deus leva as pessoas e as circunstâncias certas até você, de modo a lhe proporcionar as ideias e oportunidades que criarão a prosperidade.

Eis uma afirmação útil para ajudá-lo a reconhecer a fonte de sua prosperidade:

Eu não dependo de pessoas nem de circunstâncias para minha prosperidade. Deus é minha fonte de suprimentos e Deus me oferece agora maravilhosos canais de prosperidade.

O primeiro tipo de doação

Doar é o primeiro passo para receber. Se você quer receber alguma coisa, doe. Entretanto, existem três tipos de doação. Todos igualmente necessários ao seu desenvolvimento a longo prazo e ao sucesso.

Primeiro. *Doe a Deus.* Coloque Deus em primeiro plano financeiramente. Por quê? O budismo e outras filosofias explicam que esta é a primeira qualidade a ser desenvolvida no caminho para a iluminação. Muitas pessoas conscienciosas estudam métodos de autoajuda, mas não recebem os benefícios almejados porque ignoram este primeiro passo.

Diversos esquemas já foram sugeridos para o enriquecimento rápido. Quase todos falham, pois têm base em "obter", não em "doar". Não possuem base espiritual. O motivo pelo qual muitas pessoas não recebem nenhum benefício é porque não praticam a doação ou não retribuem ao universo, de forma sistemática, o que o universo lhes oferece.

Certa vez, dois empresários de Chicago me contaram que haviam comprado a franquia de um dos mais famosos cursos sobre "sucesso" dos Estados Unidos, gastando milhares de dólares. Prosperaram durante algum tempo, mas acabaram falindo. Finalmente, descobriram o motivo: o curso enfatizava somente a "obtenção", não a "doação". O curso não ensinava o lado espiritual da prosperidade. Não ensinava os alunos a serem dizimistas em seu caminho para a prosperidade, devolvendo ao universo um décimo de seus proventos. Somente quando começaram a frequentar uma igreja do Novo Pensamento e puseram Deus em primeiro plano, financeiramente, aqueles empresários estabilizaram seus negócios e começaram a prosperar de forma consistente.

Quando as pessoas retêm o que pertence ao universo, suas vidas perdem o equilíbrio, e elas sofrem algum tipo de carência.

Pode ser carência de bens, de saúde, de amor, de compreensão espiritual ou de direcionamento na vida. Só quando abrimos mão de nossa mesquinhez, conseguimos evoluir para uma vida melhor.

Portanto, não basta dizer que Deus é sua fonte de suprimentos. Você tem de *provar* que acredita nisso, partilhando com Deus antes de tudo. Isso o manterá em contato com a fonte universal de abundância.

O bilionário Salomão revelou o significado da sábia utilização desse antigo método de sucesso quando aconselhou: "Honra ao Senhor com a tua riqueza e *com as primícias de todos* os teus frutos; e teus celeiros ficarão cheios de trigo e transbordarão de vinho os teus lagares" (Provérbios 3: 9-10).

Este princípio de sucesso será mais bem explicado no capítulo 7, como um método para ajudá-lo a abrir a mente para receber.

O segundo tipo de doação

Segundo. *Doe para si mesmo*. Sim, abra sua mente para o sucesso, doando para si mesmo, pois todos os progressos se iniciam com o autoaperfeiçoamento. Às vezes, é fácil não doar para si mesmo, mas isso desequilibra o funcionamento da lei da ação mental e bloqueia o surgimento da prosperidade. Você deve se dedicar, primeiramente, ao aprimoramento e desenvolvimento de si mesmo, incluindo sua força e inteligência, antes de tentar ajudar os outros.

Você não pode doar nada a ninguém se nada tiver para doar. Precisa ter substância, além de uma dose razoável de força e inteligência, antes de partilhar suas qualidades com os outros. Alguns indivíduos mal orientados consideram que enfatizar o autoaperfeiçoamento, em primeiro lugar, é uma atitude egoísta. Mas somente após o autoaperfeiçoamento você terá condições de ajudar os outros.

Quando faz o contrário, isto é, doa excessivamente para

os outros, você se sente exaurido — e *está* exaurido. Cria um vazio degradante e limitador dentro de si mesmo. Ao doar em excesso, além de se destruir, você poderá prejudicar outras pessoas. Trata-se de uma atitude que nada constrói.

Muitos psicólogos criticam os pais que dão coisas demais para os filhos — o que reprime os talentos das crianças e sobrecarrega os pais. O excesso de doações prejudica todos os envolvidos. Na recente "era da permissividade", observamos os efeitos desastrosos que a prodigalidade dos pais teve sobre seus confusos e desorientados filhos.

No outro lado da moeda está meu próprio pai, que dava o mínimo de coisas para seus filhos. Mesmo assim, de forma relutante. A parcimônia fazia parte de sua criação. Isso acarretou diversas privações para meu irmão, para minha irmã e para mim. Precisei de muitos anos para vencer a mentalidade de pobreza que herdei dessa criação.

O que devemos almejar, portanto, é um equilíbrio feliz entre ambas as coisas.

Um dos personagens de Shakespeare aconselha: "Sê sincero contigo mesmo". O que poderia ser revisado para: "Sê generoso contigo mesmo". Faça isso. Dê um presente para si mesmo agora. Talvez um livro, uma peça de roupa, uma joia ou algum objeto para sua casa ou escritório; um jantar num restaurante, uma ida ao teatro, uma festa ou férias; ou reserve algum tempo para rezar, meditar ou estudar técnicas motivacionais. Pode ser qualquer coisa, grande ou pequena, tangível ou intangível.

O terceiro tipo de doação

Terceiro. Depois de doar para Deus e para si mesmo, *doe alguma coisa para alguém*. Depois de doar alguma coisa para alguém, abençoe o que tiver doado. Abençoe a pessoa ou as pessoas que receberam a doação. E não se apegue ao presente nem espere retribuição. "Qualquer um de nós — homem, mulher, criança — pode transformar sua vida, transformando o que doa: o que doa para Deus, para si mesmo e para os outros".

Quando não souber o que doar para os outros, é hora de dizer: "Vou doar inspirado por Deus". Então, aguarde as ideias que lhe acorrerão. E você saberá o que doar, onde doar e para quem doar.

Ao doar sob inspiração divina, você abre um canal por onde as bênçãos chegarão a você. Tive um professor de prosperidade que costumava dizer: "Primeiro, doe para Deus. Depois, para a humanidade, segundo as diretrizes de Deus".

A mulher que não se preparou para receber sofreu privações

Depois de doar para Deus, para si mesmo e para os outros, prepare-se para receber! É possível se preparar para isso.

Existem pessoas que dizem: "Eu costumo doar, mas não espero receber nada". E não recebem.

Uma senhora muito infeliz explicou: "Eu dou aulas sobre prosperidade em minha casa, mas não aceito pagamentos. Faço minha doação, mas acredito que não devo receber nada em troca". E não recebeu, mas o fato é que se ressentia com isso.

Ela *tinha* mesmo de ficar ressentida, pois estava desequilibrando a lei do incremento ao doar incessantemente, sem abrir nenhum canal para receber.

Essa mulher foi informada de que dar aulas era uma coisa boa, mas, além de enganar a si mesma, ela estava enganando seus alunos, dando-lhes a impressão de que podiam obter alguma coisa em troca de nada.

Ela deveria ter cobrado um justo valor dos alunos, ou pelo menos poderia tê-los convidado a contribuir com generosas doações, senão dízimos, pelos inestimáveis ensinamentos que estavam recebendo. Com sua atitude temerosa, estava ludibriando tanto os alunos quanto a si mesma.

O homem que se preparou para receber prosperou[2]

Nos primeiros dias da Igreja Unidade, um palestrante falou para os funcionários da Escola da Unidade do Cristianismo, na sede da instituição, então localizada em Kansas City, no Missouri. O orador convidado foi apresentado por Charles Fillmore, cofundador da Unidade. Bem-intencionado, mas um tanto hipócrita, o palestrante iniciou a preleção da seguinte forma: "Na minha congregação, não pedimos contribuições. Deixamos um ofertório nos fundos da igreja. Se alguém quiser doar alguma coisa, basta depositar na sacola. Mas eu não dou ênfase às doações".

Segundo os relatos, não conseguiu falar mais nada! Charles Fillmore foi até o púlpito e lhe disse: "Você pode pensar e ensinar o que quiser na sua congregação, mas aqui nós acreditamos em pedir contribuições, porque conhecemos as leis de doar e receber. Não só pedimos oferendas, como nossas sacolas ficam cheias até a borda. Nossos alunos de cristianismo prático querem doar e ajudar este movimento a prosperar, para que possam prosperar também".

Não é de admirar que Charles Fillmore, mais tarde, tenha ficado famoso como um dos pioneiros do "pensamento positivo", ou que o movimento Unidade tenha se tornado uma organização que tem inspirado milhões de pessoas ao longo dos anos.

É preciso abandonar as ideias falsas sobre o ato de receber. O fato de você receber não significa que outras pessoas deixarão de receber. Vivemos em um universo pródigo, e há o bastante para todos.

Veja como atitudes diferentes trouxeram resultados diferentes. A mulher que dava aulas de prosperidade não acreditava na lei universal de doar e receber; portanto, não recebeu nada. Fillmore se tornou líder de uma próspera instituição que ajuda inúmeras pessoas no mundo inteiro.

---

2 Unity Church (N. T.).

É preciso abandonar as ideias falsas sobre o ato de receber. O fato de você receber não significa que as outras pessoas deixarão de receber. Vivemos em um universo pródigo, e há o bastante para todos.

Como a preparação para a riqueza atraiu riqueza

Muitas décadas atrás, a proprietária de uma escola de etiqueta ficou viúva, com três filhos pequenos para sustentar. As pessoas diziam: "Ela é uma mulher adorável, mas ninguém vai querer se casar com uma mulher com três filhos. A responsabilidade financeira é muito grande".

Aquela viúva atraente não prestou atenção às conversas. Ensinava os princípios da prosperidade em sua escola de etiqueta. Dizia às suas alunas que elas deveriam desenvolver a consciência da prosperidade, de modo a serem charmosas e bem-sucedidas em todas as etapas de suas vidas.

Preparando-se para uma vida melhor, ela fez tudo o que lhe ocorreu. Em uma famosa casa de modas, adquiriu um esplêndido conjunto dourado, que usava constantemente. Pagou 200 dólares, o que era uma quantia enorme para um item de vestuário naquela época. Uma vez por semana, convidava-me para jantar com ela, sempre nos melhores restaurantes, embora às vezes estivesse quase sem dinheiro.

O fato de se preparar para uma vida melhor atraiu uma vida melhor para ela? O fato é que ela se casou com um viúvo riquíssimo, que a ajudou a criar seus três filhos. Mais tarde, eles tiveram também um filho.

Enquanto todos à sua volta falavam sobre carências e limitações, ela se preparou discretamente para a prosperidade. E a conquistou! É interessante notar que as pessoas que tentaram limitar o futuro dela, por meio de pensamentos, jamais atraíram riquezas para si mesmas — nem pelo trabalho, nem pelo casamento, nem por uma sorte inesperada, mas atraíram as limitações que imaginaram para minha amiga.

Prepare-se para "RECEBER"

Muitas preces às vezes não são atendidas porque as pessoas fazem os pedidos, mas não se preparam para receber.

Somente ao se preparar para receber, você estará pronto para o próximo passo: falar a palavra "receber" (como fez a professora no início deste capítulo). Quando você afirma diariamente que está recebendo, seu subconsciente acredita em suas palavras, o que o faz colaborar com você para que as coisas aconteçam.

A melhor maneira de evitar uma vida difícil e angustiante é pronunciar deliberadamente a palavra "receber". Diga diariamente:

Estou recebendo. Estou recebendo agora. Estou recebendo toda a riqueza que o universo tem para me dar agora.

Certo empresário começou a fazer isso e, em um ano, sua renda aumentou oito vezes.

Outro empresário diz que recebe cheques inesperados de mil dólares, ou mais, todas as vezes que afirma de forma consistente: "Estou recebendo agora tudo o que é meu por direito divino, rapidamente, fartamente, livremente. Estou recebendo agora".

A libertação é o passo final

Um professor de misticismo prático afirmou recentemente: "Aqueles que estudam a prosperidade precisam saber quando se libertar do trabalho interior e relaxar, para que apareçam os resultados externos". A ação mental também requer descanso. Há uma hora para pescar e outra para secar as redes.

Diversas vezes em minha vida — após longos períodos de trabalho mental —, os benefícios que recebi foram maiores quando senti que devia me libertar de tudo, para que os resultados fossem perfeitos. Depois disso, eu conseguia terminar vários livros. Mudanças felizes — de lugares ou atividades, rendimentos maiores e casas mais amplas, tudo isso surgia após um intenso trabalho interior, quando eu me libertava de tudo e relaxava.

Portanto, depois de falar a palavra "receber" durante algum tempo, declare que já recebeu o que desejava e se desligue das preocupações.

Parta do princípio de que já alcançou a prosperidade, pois você já a reivindicou no plano interno. Isso ajudará os benefícios a surgirem no plano externo, dirigidos pela vontade divina — de forma abundante e oportuna.

Quando atingir esse ponto de libertação, declare:

Está terminado. Acabou. Agradeço pelo que recebi e pela prosperidade ter surgido de forma tão abundante e oportuna, dirigida pela vontade divina.

Depois relaxe e se desligue. Esse processo pode abrir caminho para uma prosperidade ilimitada.

2.

O dom
da libertação

Depois de abrir a mente para receber, relaxar e vivenciar a prosperidade, num sentido amplo, você poderá abrir sua mente para receber um benefício *específico*. Muitas pessoas desejam determinadas coisas, mas nada fazem concretamente para *aceitar* esses desejos — e a aceitação inclui libertação.

Você tem muitos dons que pode nunca ter usado porque ignorava que os tinha. Um dos maiores dons é o da libertação. Moisés o conhecia e pediu aos seguidores que o usassem para obter a prosperidade. De sete em sete anos, havia um "ano de remissão" (Deuteronômio 15: 9). Era uma época em que os credores deixavam de cobrar o que lhes era devido. Literalmente, liberavam os devedores.

Embora os hebreus fizessem generosas doações, sob uma infinidade de formas, não empobreceram por causa disso, mas prosperaram prodigamente. Tornaram-se uma nação de milionários.

O dom da libertação está disponível para você em todos os planos: mental, emocional e físico. Quando começar a usá-lo, descobrirá que, em vez de empobrecê-lo, a libertação enriquece sua vida acima de qualquer coisa que você já tenha imaginado.

O ato de se libertar é uma das maneiras mais eficientes de abrir sua mente para receber. Esse ato o libertará da intransigência, da tensão e da ganância. O ato de se libertar o ajudará a se transformar em um canal aberto e receptivo, através do qual a inteligência do universo poderá fluir até você, afastando de sua vida relacionamentos e situações desgastantes, e abrindo caminho para uma prosperidade maior.

Há duas razões para que a libertação seja um dom tão precioso. Em primeiro lugar, elimina a negatividade de sua vida. Em segundo, expande sua prosperidade. A eliminação de alguma coisa em sua vida é sempre uma indicação de que algo melhor está a caminho. A eliminação não se limita a tirar alguma coisa de você, também lhe dá alguma coisa.

Portanto, não tenha medo de se libertar. Aquilo que lhe pertence não se perde com a libertação. Pelo contrário, a prosperidade adquire maior liberdade para entrar em sua vida. As pessoas às vezes dizem: "Tenho medo da palavra 'libertação'. Como vou saber se meu subconsciente vai libertar a coisa certa?"

Pode ter certeza de que a coisa certa acontecerá, pois seu subconsciente sempre se liberta do que o incomoda mais, quer você perceba isso ou não. O ato de se libertar aciona seu "superconsciente", ou consciência cristã, que contém a inteligência universal — a qual sempre sabe o que precisa libertar. Não há perigo em dizer a palavra "libertação", quando você pede à consciência cristã existente dentro de você que efetue as libertações necessárias em sua vida.

> Portanto, não tenha medo de se libertar. Aquilo que lhe pertence não se perde com a libertação. Pelo contrário, a prosperidade adquire maior liberdade para entrar em sua vida.

O surpreendente poder da libertação

Algumas coisas interessantes aconteceram comigo durante um período em que fiz diariamente a seguinte afirmação:

Cristo, que está dentro de mim agora, liberte-me de todos os ressentimentos, das fixações nas pessoas ou das pessoas, dos lugares e das coisas do passado ou do presente. Declaro agora que aqui é o meu verdadeiro lugar, com as verdadeiras pessoas e com a verdadeira prosperidade.

Eu morava em um apartamento que não tinha escolhido. Fora encontrado por meu filho adolescente e atendia perfeitamente às suas necessidades. Mas eu nunca gostara do local. Depois que ele se alistou nas Forças Armadas, em meados dos anos 1960, fiquei sozinha no "apartamento dele", com quartos e banheiros que já não eram necessários. Também havia móveis e objetos de decoração dos quais eu queria me libertar, em função de algumas lembranças que despertavam.

Depois que meu filho partiu, pensei: "Vou arregaçar as mangas e procurar um apartamento ao meu gosto. Não há mais motivo para permanecer neste aqui". Porém nunca fazia isso. Um ano mais tarde, eu ainda estava vivendo no "apartamento dele".

Comecei então a declarar que o Cristo dentro de mim estava me libertando das fixações nas pessoas ou das pessoas, de lugares e coisas do passado ou do presente. Duas semanas depois, recebi um telefonema de um amigo, dizendo que logo haveria um apartamento disponível em um prédio que eu admirava há muito tempo. Mudar-me para lá significaria me livrar de móveis e objetos que eu não queria, porque era um apartamento menor.

O síndico do prédio, que era um leitor dos meus livros, queria me ter como moradora e até prometeu redecorar o apartamento se eu morasse lá. Logo me mudei. O apartamento ficava no alto de uma colina e tinha uma adorável vista para a cidade. Então me cerquei de móveis novos, lindos e livres de lembranças do passado. Sentia-me maravilhada com as palavras de libertação que haviam me libertado de condições e objetos indesejáveis.

Continuei a declarar minha libertação de pessoas, lugares,

coisas do passado e do presente. Alguns indivíduos presentes em minha vida me libertaram. Há meses eu sentia que nossos relacionamentos haviam se esvaziado, mas não sabia como rompê-los de forma educada. Quando pronunciei as palavras de libertação, aquelas pessoas encontraram outros interesses e, simplesmente, desapareceram de minha vida.

Continuei a pronunciar as palavras. O que aconteceu em seguida foi uma surpresa: recebi um telefonema de uma amiga de infância que não via há 15 anos. Ela pensava que cometera erros em um incidente que ocorrera entre nós havia 25 anos e ainda se condenava pelo modo como as coisas tinham terminado (eu já havia esquecido o incidente). Eu não tinha conhecimento desses sentimentos dela até que ela respondeu às minhas palavras de libertação e me telefonou. Durante a conversa, pronunciei palavras de libertação e a tranquilizei sobre o incidente que a incomodava há 25 anos.

Muitas vezes, tentamos introduzir novos benefícios em nossas vidas quando ainda não temos espaço para recebê-los. A libertação permite que nos livremos de coisas velhas, abrindo caminho para as novas.

Cicatrizes emocionais curadas pela libertação

Algumas pessoas presumem que precisam apenas pronunciar algumas vezes a palavra "libertação" para se ver livre de alguma coisa. Não é bem assim. O subconsciente humano está repleto de memórias desagradáveis e emoções negativas. Portanto, temos de repetir a palavra frequente e deliberadamente, para nos livrar da infelicidade e das experiências inibidoras do passado. Como os hebreus, temos de praticar a arte da libertação de modo contínuo.

Uma mulher de 80 anos estava tendo dificuldades financeiras. Conversando com uma amiga, percebeu que precisava se libertar de experiências inibidoras do passado, de modo a abrir caminho para uma prosperidade maior.

Ela ficara noiva aos 20 anos, mas o pai dela pusera fim ao romance, e ela nunca se casara. Sessenta anos mais tarde, ela ainda lamentava o romance terminado e a vida infeliz que tivera depois. Culpava o pai por seu sofrimento. Tanto seu pai quanto seu antigo noivo já tinham falecido havia muito tempo, porém ela continuava se agarrando à infelicidade.

A afirmação que ajudou essa mulher já foi mencionada: "Cristo, que está dentro de mim agora, liberte-me de todos os ressentimentos, das fixações nas pessoas ou das pessoas, dos lugares e das coisas do passado ou do presente. Declaro agora que aqui é o meu verdadeiro lugar, com as verdadeiras pessoas e com a verdadeira prosperidade".

A libertação faz milagres no casamento

A libertação também pode operar milagres no casamento. Uma mulher casada contou: "Durante quase vinte anos, batalhei para que meu casamento funcionasse, mas com pouco sucesso. Havia tensões, brigas, afastamentos temporários e todos os tipos de problemas entre nós.

Enfim, descobri que a chave para viver bem com meu marido era libertá-lo, perdoá-lo, desobrigá-lo. Uma situação desarmoniosa acabou se tornando amistosa e confortável por meio da libertação e do perdão. 'Libertação' é a palavra para tudo!"

A libertação é o primeiro passo para o sucesso

Certa vez, em um circuito de palestras no Canadá, conheci um empresário que promovia concorridos seminários em todo o país. Segundo me explicou, ele descobrira que um dos primeiros passos para o sucesso é a libertação e, por conseguinte, enfatizava em suas conferências o princípio da libertação.

Mais tarde, ele me escreveu contando como a libertação funcionara com ele: "A compreensão do princípio da libertação mudou minha vida, pois eliminou o que eu considerava como problemas sem solução. Muitos dos meus problemas pessoais e profissionais foram resolvidos por períodos de meditação, nos quais eu me concentrava na palavra *libertação*".

Outro empresário confidenciou: "Durante quase cinco anos, rezei para resolver determinada situação em minha vida, usando várias afirmativas. A situação só foi resolvida depois que conheci o magnífico poder da palavra 'libertação'. Estou praticando a libertação há três ou quatro anos e tenho colhido resultados impressionantes em minhas atividades como empreiteiro. Certa vez, meus funcionários tentaram dar partida num grande compressor, mas a máquina não ligava. Depois de tentarem durante uma hora repetidamente, telefonaram para mim. Tentei localizar algum mecânico, mas não havia nenhum disponível. Então, rezei: 'Senhor', Você pode ligar esse compressor, se quiser. Esta é uma tarefa para o Senhor. Faça o que o Senhor faria se estivesse na mesma situação que eu. Vou liberar esse trabalho para o Senhor. Mais tarde, no mesmo dia, um dos meus funcionários veio falar comigo: 'Foi a coisa mais estranha. Nós trabalhamos naquela máquina por pelo menos uma hora, e ela não ligava de jeito nenhum. Depois que falamos com você, decidi tentar mais uma vez. Quando coloquei o dedo sobre o botão, o compressor ligou'."

Esse homem concluiu:

Libertação é uma palavra que faz milagres.

Um milionário curado por meio da libertação

A libertação é a forma mais elevada de perdão. A palavra "perdoar" significa "desistir", como desistir de um ressentimento ou de uma reivindicação. Quando você fala palavras de libertação, dá início ao processo de perdão ou desistência. Se existem indivíduos que você tentou perdoar, mas não conseguiu, por força de antagonismos ou de sentimentos negativos envolvidos no processo, então pare de tentar. Apenas os liberte. Quando se desliga deles, por meio da libertação, você os está perdoando, desistindo deles.

Um milionário aposentado estava em sua linda mansão, sentado em uma cadeira de rodas. Cercado de criados, ele remoía amargas experiências do passado. Além de vários outros problemas de saúde, tinha um coágulo sanguíneo na perna que o impedia de voltar a andar, segundo os médicos.

Quando soube do poder curativo da libertação, esse homem declarou: "Cristo, que está dentro de mim agora, liberte--me de todos os ressentimentos, das fixações nas pessoas ou das pessoas, dos lugares e das coisas do passado ou do presente. Declaro agora que estou em perfeita saúde".

Num espaço de dez dias, o coágulo se dissolveu e ele andou novamente. Seu médico ficou assombrado. O milionário continuou a eliminar a amargura e os ressentimentos de sua mente e de seu corpo, recitando diariamente as palavras de libertação — e sua saúde melhorou consideravelmente.

O poder curativo da libertação

A libertação também tem poder curativo sobre problemas comuns, como dores de cabeça, por exemplo. Uma mulher que tinha passado o inverno na Flórida acabou retornando ao norte antes do que esperava. Ao chegar em casa, descobriu que o caseiro não seguira suas instruções adequadamente. A calefação não estava funcionando e a neve se acumulara na frente da casa.

A situação lhe provocou uma terrível dor de cabeça. Como os remédios não a aliviaram, ela começou a dizer a si mesma: "Libere, deixe para lá, deixe Deus cuidar de tudo". Ao zelador, ela disse mentalmente: "Eu perdoo você, totalmente e de coração. Eu deixo você ir embora. Deixo você ir e deixo Deus cuidar de tudo".

A dor de cabeça desapareceu em uma hora. Ela depois

demitiu o caseiro, libertando-o literalmente. Às vezes, a melhor maneira de perdoar uma pessoa é *desistir* dela.

Como a libertação possibilitou um casamento feliz

Havia uma mulher que passara pelas amarguras do divórcio — não apenas uma, mas várias vezes. Atravessando um período ruim na vida, ela tomou conhecimento da sabedoria da libertação. Começou então a se libertar de roupas e objetos domésticos desnecessários. Em seguida, libertou uma casa que não queria mais. Vendeu-a e se mudou para um apartamento que lhe pareceu adequado.

Libertou até antigas cartas de amor, às quais se aferrara durante anos, cartas ligadas a um antigo casamento. Depois de libertar muitas coisas e se instalar no apartamento, encontrou um excelente emprego. Mais tarde, conheceu um empresário e se casou com ele. Foi um casamento feliz. Ela explicou sua nova vida da seguinte forma:

Quando uma pessoa realmente se liberta, todos os tipos de coisas boas começam a acontecer.

Por meio da libertação, uma mulher encontrou um novo emprego e a liberdade

Após 25 anos de casamento, uma mulher teve de enfrentar um divórcio que não desejava. Duas amigas a ajudaram naquele período difícil.

Mais tarde, ela percebeu que se tornara emocionalmente dependente das amigas, mas queria ser responsável por seu próprio bem-estar. Estava perguntando a si mesma o que deveria fazer quando ouviu falar da libertação. E começou a afirmar todos os dias:

Liberto tudo e todos que não fazem mais parte do plano divino de minha vida. Agora me elevo ao plano divino de minha vida, onde todas as condições são permanentemente perfeitas.

A libertação dela ocorreu de forma estranha (o que é frequente). Com aquelas amigas, ela era sócia de um clube onde trabalhava como tesoureira. Assim que começou a pronunciar as palavras de libertação, os membros do clube decidiram promover uma auditoria nos livros contábeis. Ela entregou então os livros para o auditor, que os analisou e concluiu que ela era responsável por um déficit de 600 dólares. Comprovou-se mais tarde que a conclusão estava errada, mas ela disse que a acusação valera a pena, pois as duas mulheres nunca mais a procuraram! "Se não descobrirem onde erraram, pagarei a conta como um gesto de caridade", brincava ela.

> Às vezes, a melhor maneira de perdoar uma pessoa é *desistir* dela.

Ela continuou a se dedicar à libertação e conseguiu um emprego como gerente de uma firma de contabilidade. Dizia: "Não me sinto livre assim há anos. Posso fazer o que quiser sem me preocupar com o que vão pensar de mim. Estou feliz por ter conseguido, finalmente, sair daquela vida".

Escrever palavras de libertação elimina problemas

Além de proferir palavras de libertação, escrever o que você deseja libertar é também um ótimo recurso para sua vida. Durante um período em minha vida, tive um árduo problema que colocou tudo em segundo plano.

Durante anos, tentei me libertar dele. Imaginava a liberdade e a declarava, mas o problema persistia. Um dia, ocorreu-me a ideia de escrever uma "lista de eliminação" no primeiro dia do ano. Nela escrevi meu desejo de me livrar daquela dificuldade. Naquele mesmo ano, o problema finalmente desapareceu de minha vida. Isso me convenceu que escrever o que desejamos eliminar de nossa vida pode ser um poderoso método de libertação.

O sucesso de uma professora que escreveu uma "lista de perdão"

Uma professora soube do poder mágico da libertação e decidiu experimentar o método escrito. E disse: "Li sobre uma mulher que reservava algum tempo, todos os dias, para perdoar as pessoas que a tinham magoado. Por meio desse método, todos os seus problemas foram solucionados.

Percebi que eu também guardava muitos ressentimentos, e estes estavam bloqueando meu acesso à prosperidade. Peguei então uma folha de papel. Em um dos lados, escrevi o nome de todos os indivíduos contra os quais eu alimentava ressentimentos. No outro lado, relacionei os benefícios que desejava obter em minha vida.

Todas as noites eu reservava um tempo para meditação, quando abençoava e perdoava as pessoas de quem guardava rancor. Então, virava o papel e agradecia pela minha crescente prosperidade. Minha lista de desejos incluía um carro novo, aulas de direção, boas turmas para dar aulas (no ano anterior minhas turmas reuniam as crianças com os piores problemas disciplinares na escola) e um currículo letivo interessante.

Continuei a ler minha lista, dia após dia, e os benefícios já estavam aparecendo. Apesar de muitos obstáculos, consegui meu carro. Tive turmas tão boas neste ano que todos os professores brincaram que deve ter havido algum engano. Não tive nenhum aluno problemático neste semestre. Também fui abençoada com um curso de pós-graduação, uma viagem ao exterior e muitas outras viagens pelo país".

Como o desprendimento libertou uma mulher

Certa viúva costumava ouvir a frase: "deixe para lá que Deus cuida de tudo". Ela acreditava que isso significava desistir do problema, sem se libertar dele.

Descobriu então essas palavras que a fascinaram:

Eu perdoo totalmente e de coração. Deixo para lá e deixo Deus cuidar de tudo. O Cristo dentro de mim me dá poder para perdoar. O Cristo dentro de mim me dá poder para libertar. Cristo me dá o poder de perdoar nesta situação. Agora, tudo está bem.

Enquanto dizia essas palavras, o medo e a mágoa desapareceram de dentro dela. Ela percebeu que "deixar para lá que Deus cuida de tudo" significava apenas isto: desistir da mágoa, deixar Deus absorvê-la em Seu infinito amor.

Para ela, foi um alívio descobrir que não havia repressão nem mágoa no perdão. Não havia tensões, somente liberdade e paz. Ela disse: "Eu sempre adorei minha filha. Sempre a protegi de todos os problemas e cuidei para que nada jamais a magoasse. Mas comecei a perceber, durante os anos que ela e o marido moraram perto de mim, que vivia sob tensão. Eu era tão dependente do amor deles que estava sempre com medo da desaprovação deles, por menor que fosse. Eles perceberam isso e se aproveitaram de mim, escandalosamente. Usavam a ameaça de deixar de me amar para me manterem na linha. Agora estou livre, pois tenho consciência de que Deus é a fonte do meu bem-estar, não minha família. O desprendimento me trouxe paz de espírito e liberdade".

Melhore todas as fases de sua vida

Você pode melhorar sua vida em todos os níveis aceitando seu dom de libertação. A eliminação de coisas do passado abre caminho para uma prosperidade maior.

Um homem de 80 anos não conseguia encontrar trabalho, mas aprendeu o poder mágico da libertação e decidiu se livrar de coisas acumuladas em sua casa que não queria mais. Ele disse: "Assim que limpei o primeiro armário, arranjei um emprego".

Uma secretária ouviu falar do poder mágico da libertação

e largou o emprego no mesmo dia. Parecia uma tolice fazer isso, pois seu patrão havia acabado de lhe dar um aumento e ela precisava do dinheiro. Apesar disso, ela ingressou por conta própria no mercado editorial e foi aprendendo enquanto trabalhava. Logo vendeu centenas de textos e ilustrações para revistas infantis. Mais tarde, escreveu histórias e artigos, e até publicou um livro sobre artesanato. Todo esse sucesso só foi possível porque ela abandonou um trabalho que não mais a agradava.

Lembre-se:
a eliminação de alguma coisa em sua vida é sempre uma indicação de que algo melhor está por vir.

Uma mulher decidiu utilizar seu talento para libertar, demitindo-se de um ótimo emprego no serviço público, onde trabalhava havia dez anos. Queria permanecer em casa, na companhia dos filhos. Seu marido a incentivou entusiasticamente. A mágica da libertação realizou um trabalho perfeito. O marido duplicou suas vendas no ano seguinte, e o emprego dela não fez falta. A libertação lhes trouxe prosperidade e liberdade.

Lembre-se:
você nunca perde nada que seja para o seu bem por meio da libertação. Pelo contrário, abre caminho para um bem maior.

Um advogado estava insatisfeito com seu trabalho. Não estava fazendo o que realmente queria fazer. Decidiu usar o poder mágico da libertação e repassou seu portfólio para um jovem advogado que acabara de abrir um escritório na vizinhança. No mesmo dia, um novo cliente entrou em seu escritório e o contratou como advogado corporativo, que era o que ele desejava ser. Seus rendimentos logo dobraram — graças à libertação.

Aceite seu dom de libertar e utilize-o sempre. Isso abrirá as portas de um mundo melhor.

3.

O dom
da profecia

Pode ser que você imagine o "dom da profecia" como uma dádiva especial — espiritual ou psíquica — concedida a poucas pessoas, como os profetas da Bíblia, que usaram seus poderes de profetizar com resultados impressionantes. Mas você também tem o dom da profecia, que pode utilizar de forma simples para abrir sua mente e receber benefícios maiores em todas as fases da vida. O que é o dom da profecia? Como você pode fazê-lo trabalhar para você?

PARTE I — Profecias por meio da palavra

A palavra *profecia* significa "declaração de coisas que estão por acontecer". Também significa "previsão do futuro mediante orientação divina". Ou, simplesmente, "predição intuitiva". Estamos sempre usando nosso dom da profecia: quando falamos sobre nós mesmos ou sobre outras pessoas, tomamos decisões, declaramos alguma coisa, ou fazemos previsões.

Se você não está satisfeito com sua vida, pode começar a usar seu dom da profecia para melhorá-la. Quando você muda suas palavras, você muda o mundo. Quando você melhora suas palavras, melhora o mundo. Quando transforma suas palavras, transforma o mundo.

Há duas formas de aplicar o dom da profecia falada. **Primeiro:** por meio de frases casuais, suas palavras de todo dia. **Segundo:** por meio de palavras e previsões deliberadas, afirmações verbais.

Profecias por meio de frases casuais

As palavras casuais ou eventuais são poderosas, pois geralmente as dizemos em um estado de espírito relaxado, sem nenhum bloqueio. Tais palavras produzem resultados rápidos.

Em meados da década de 1960, minhas palavras ao acaso produziram resultados impressionantes. Eu estava me mudando do apartamento que meu filho e eu ocupávamos antes de ele ingressar nas Forças Armadas. Embora eu tivesse contratado um profissional para fazer a mudança, senti que precisava de uma ajuda extra.

Foi a primeira vez, em muitos anos, que meu filho não estava comigo em meio a uma mudança. Eu sentia falta de seu apoio e pensava a todo momento: "Se Richard estivesse aqui, esta mudança seria bem mais fácil. Ele saberia o que fazer".

Então lembrava a mim mesma que deveria liberá-lo para sua nova vida. Entretanto, sempre me pegava pensando: "Se Richard estivesse aqui..."

Certo dia, no início de meus preparativos, algumas crianças das redondezas apareceram e perguntaram se poderiam me ajudar. Era um dia quente de verão e eles estavam inquietos, entediados com suas atividades rotineiras. Depois de receber o sinal verde dos pais, coloquei-os para trabalhar.

Tudo correu bem durante algumas horas. Eu dizia a mim mesma: "Minha declaração funcionou, embora tenham sido os filhos de outras pessoas que apareceram para me ajudar na mudança".

Então, ouvi uma batida na porta. Quando atendi, vi um jovem alto (aproximadamente da altura do meu filho) parado à soleira. Ele disse:

— Ouvi dizer que você está se mudando. Meus irmãos menores já estão aqui, ajudando você, e eu vim ajudar também.

Fiquei encantada e respondi:

— Ótimo. Qual é o seu nome?

— Richard.

Meu dom da profecia funcionara. Durante dias, eu dissera: "Se Richard estivesse aqui". E, de repente, surgiu um Richard — que fez todas as coisas que meu filho teria feito.

Às vezes, nossas palavras casuais ou proferidas ao acaso não apresentam resultados tão rápidos, mas afirmações como essa — repetidas com insistência — terão *realmente* bons resultados a seu tempo.

Como palavras casuais possibilitaram um casamento

Quando eu era criança, sempre visitava a casa de uma "tia solteirona", que morava com seus pais já idosos e alguns irmãos solteiros.

Sempre que alguém da família a aborrecia, essa tia solteirona ameaçava: "Algum dia desses, eu vou para a Flórida e me caso por lá". As palavras dela se tornaram uma brincadeira na família. A "profecia" dela parecia incrível, até impossível, e ninguém a levava a sério.

À medida que os anos passaram, seus irmãos se casaram e saíram de casa. Por fim, seus pais faleceram, com um pequeno intervalo um do outro. Ela então vendeu a casa da família e se mudou para a Flórida, onde passaria a residir e trabalhar. Na ocasião, já estava com quase cinquenta anos.

Um ano mais tarde, minha família recebeu um cartão-postal dela que dizia: "Na semana passada, o senhor Brown e eu nos casamos em Gainesville".

Você pode imaginar a reação da família. Ninguém jamais ouvira falar de um "senhor Brown", embora depois descobríssemos que se tratava de um viúvo muito gentil, que ela conhecera no trabalho. Hoje em dia, muitos anos depois do casamento, eles ainda estão vivendo "felizes para sempre".

As palavras que você diz têm o dom da profecia. As palavras mais banais, quando repetidas várias vezes, são às vezes as mais eficazes. Minha tia provou isso.

Como palavras casuais ajudaram uma amiga a receber

Um dos melhores modos de ajudar outras pessoas é dizer antecipadamente palavras casuais, coisas boas para elas. Frequentemente, aceitaremos coisas que elas mesmas ainda não estão preparadas para aceitar mentalmente.

Em certa ocasião, alguém me deu uma linda orquídea para que eu a usasse durante uma palestra que faria numa convenção.

A convenção ainda se prolongaria por vários dias, e uma querida amiga minha tinha uma preleção programada para depois da minha partida. Como a orquídea ainda estaria fresca quando chegasse a vez dela, pensei: "Acho que vou dar esta orquídea para a minha amiga usar na palestra dela". No calor das atividades, porém, não consegui lhe entregar a orquídea, embora tivesse feito isso mentalmente.

> Uma simples declaração enfática a respeito de como você quer que sua vida seja vale mais do que dezenas de livros e palestras.

Mais tarde, em uma carta que escrevi a ela, eu lhe disse: "Eu lhe dei minha orquídea mentalmente, embora não tenha conseguido entregá-la a você. Mas profetizei uma orquídea para você; portanto, logo alguém vai lhe dar uma orquídea".

Ela me respondeu: "Seria uma boa, mas nunca recebi orquídeas". Cerca de dois meses mais tarde, recebi uma carta dela em que ela dizia muito feliz: "Pode profetizar para mim sempre que quiser! Ganhei quatro orquídeas de presente, desde que você fez a declaração mental. Parentes e amigos me deram orquídeas em todas as ocasiões especiais, como aniversário, Páscoa etc."

Profecias por meio de palavras

Afirmações deliberadas, ditas formalmente, constituem a segunda forma de utilização de seu dom da profecia.

Nesta era da informação, qualquer pessoa que não conheça o poder das palavras vai ficar para trás.

Embora muitos indivíduos leiam os numerosos livros de autoajuda disponíveis hoje no mercado, muitos deles não têm obtido, na prática, os resultados que esperavam. Frequentemente queixam-se de que as teorias de autoajuda não funcionam para eles.

Entretanto, as pessoas que leram livros de autoajuda já aprenderam o suficiente para mudar o curso de suas vidas; bastaria que utilizassem o que aprenderam. Um dos modos de conseguirem isso é usar o dom da profecia que possuem. Uma simples declaração enfática a respeito de como você quer que sua vida seja vale mais do que dezenas de livros e palestras. Palavras ditas em voz alta, descrevendo os benefícios que deseja obter, ajudarão você a concretizá-los. "E a razão por que não possuís está em que não pedis" (Tiago 4: 2).

Como Winston Churchill usou palavras para vencer

Uma das histórias mais conhecidas a respeito de Winston Churchill (1874-1965), primeiro-ministro britânico durante a Segunda Guerra Mundial, é a de como ele virou o jogo durante a batalha da Inglaterra. Na Grã-Bretanha, todos profetizavam a derrota. Muitos achavam que já haviam perdido a guerra.

Sir Winston Churchill foi para o rádio e declarou: "Venceremos na terra. Venceremos no mar. Venceremos". Ele falou como um vencedor e, na opinião de muitos historiadores, suas palavras foram o divisor de águas na guerra.

Como um caminhoneiro
obteve sucesso através de palavras

Muitos anos atrás, ouvi a história de um caminhoneiro autônomo muito bem-sucedido. E comecei a pensar como nossas palavras podem criar determinadas situações.

Os dois caminhões daquele homem estavam sempre na estrada, a serviço, mesmo quando os negócios estavam difíceis.

Para quem lhe perguntasse o segredo de seu sucesso, ele dizia que estivera no fundo do poço, financeiramente. Não conseguia encontrar serviço, as prestações de seu único caminhão estavam atrasadas e ele não tinha dinheiro.

Certo dia, no quarto de um hotel, longe de casa, ele abriu sua Bíblia no livro de Ezequiel, capítulo 37. Nesse capítulo, o profeta fala de quando estava em uma planície repleta de ossos secos e Deus lhe diz para profetizar sobre os ossos. Quando ele o faz, os ossos voltam à vida e tornam-se seres viventes novamente.

O caminhoneiro percebeu que aquela antiga história bíblica era uma poderosa fórmula para o sucesso. Foi então até seu caminhão e, pousando a mão sobre o empoeirado para-lama, profetizou:

— Escute, eu estou profetizando que você vai voltar a trabalhar amanhã. E mais: vai fazer um frete muito bem pago.

Imediatamente, sentiu-se melhor. Voltou para o quarto e foi dormir.

Às cinco horas da manhã seguinte, o telefone tocou e uma voz lhe disse:

— Tenho um carregamento de manteiga que tem de chegar a Los Angeles o mais rápido possível. Você pode fazer esse serviço?

É claro que ele poderia — e o fez.

Mais tarde, ao comentar a importância de profetizar o sucesso, ele explicou: "Eu tenho passado por algumas situações complicadas desde aquele dia, mas sempre com a certeza de que me sairia bem. Profetizei que uma carga de produtos perecíveis não se estragaria até que eu conseguisse gelo, e o gelo apareceu. Profetizei que uma estrada ruim onde eu estava dirigindo ficaria melhor, e isso aconteceu. Profetizei até que teria um segundo caminhão algum dia e agora tenho outro caminhão".

Você pode usar o simples, mas poderoso, dom da profecia falada para obter benefícios maiores — tanto para sua vida quanto para a vida de outras pessoas.

Como palavras curaram uma mulher

Uma jovem do Kentucky se mudou com a família para o Colorado, pois um de seus pais estava doente, e o clima do Colorado poderia lhe fazer bem.

Após a mudança, ela começou a frequentar um curso motivacional ministrado na sala de visitas de uma amiga. A professora fora aluna particular da famosa professora Emma Curtis Hopkins, de Chicago — que sempre falava aos presentes sobre a "onipresença" de Deus, a bondade de Deus, e como eles poderiam usufruir dessa bondade por meio de palavras faladas.

Nos encontros semanais, a professora compunha declarações específicas sobre a onipresença de Deus e pedia aos alunos que as repetissem em voz alta todos os dias.

A jovem do Kentucky tinha uma formação religiosa tradicional, e aquela teoria sobre palavras era uma novidade para ela. Mesmo assim, decidiu colocá-la em prática, pois tinha um grave problema na garganta que os médicos não haviam conseguido curar. Ela sentia dores quase o tempo todo, o que a impedia de comer direito.

Certo dia, durante a aula, enquanto a professora declarava para os presentes a onipresença de Deus, a aluna do Kentucky percebeu de repente que estava curada. Estava conseguindo engolir sem dor e "sabia" que estava bem. Naquela noite, sob os olhares desconfiados da família, ela fez uma refeição normal pela primeira vez em muitos meses.

Quando orgulhosamente falou à professora sobre sua cura, no encontro seguinte, a professora disse, de maneira imperturbável:

— É claro que você ficou curada.

Como a professora conhecia o poder das palavras, curas como aquela eram comuns em seu trabalho.

A jovem se curou por meio de afirmações e começou a usar seu dom da profecia para ajudar outras pessoas. O nome dela era Nona Brooks, que se tornou a fundadora, em Denver, Colorado, da Igreja da Ciência Divina[3] — de cuja universidade foi presidente. Também atuou como ministra na igreja da congregação, onde trabalhou durante muitos anos. Para quem conhece o poder realizador das palavras, ela se tornou uma lenda.

Como profetizar com palavras

Traçamos nosso destino com nossas palavras. Eis um método simples para que você desenvolva seu dom da profecia: reserve algum tempo, todos os dias, para pronunciar palavras de prosperidade, descrevendo sua vida como gostaria que fosse. Se pronunciar essas palavras com persistência, mesmo que no início não acredite muito nelas, você acabará descobrindo que elas têm poder. Se continuar a pronunciá-las todos os dias, essas palavras operarão milagres em sua vida — às vezes, lentamente; às vezes, de forma súbita.

Ao pronunciar palavras construtivas todos os dias, você não está tentando fazer com que Deus lhe dê alguma coisa. Você está apenas reivindicando o que é um direito hereditário seu: mais saúde, riqueza e felicidade.

Convido você a profetizar o bem com frequência, tanto

---

3 Church of Divine Science (N. T.).

para você mesmo quanto para outras pessoas, tanto de modo casual quanto deliberadamente. Não fique tenso. Pronuncie suas palavras com sentimentos de paz, alegria e confiança. Depois, libere essas palavras proféticas, para que elas penetrem no éter e façam um trabalho perfeito, para você e para outras pessoas. Você pode começar agora mesmo, profetizando:

Quando mudo minhas palavras, mudo meu mundo.
Quando melhoro minhas palavras, melhoro meu mundo.
Quando transformo minhas palavras, transformo meu mundo.
Profetizo tudo de bom agora — para mim mesmo
e para toda a humanidade.

PARTE II — Profecias por meio de imagens

Uma profecia — "anúncio de um acontecimento futuro" — não requer necessariamente palavras. Como se pode fazer uma profecia sem palavras?

De outra forma simples: através da imaginação... deliberadamente elaborando uma *imagem* do que você quer atrair para sua vida. Quando você elabora imagens das coisas construtivas que quer, você inconscientemente imagina as coisas destrutivas que não quer. Estamos sempre formando imagens em nossas mentes, pois formar imagens é a função da mente.

Uma boa maneira de profetizar mediante imagens é solicitar orientações sobre seu futuro. Através dos poderosos pressentimentos e profundos desejos que estão em seu íntimo, você saberá intuitivamente que imagens deverá elaborar. Então, sem hesitações, arregace as mangas e comece a fazer isso.

O doutor Raymond Barker explica o método em seu livro *The Science of Successful Living*:

Deus quer que você seja o que quiser. Tranquilamente, selecione seu futuro, aceite-o de maneira natural para você e aguarde que ele se concretize. Agradeça pelo fato de que os meios para isso já estejam em ação.

Você precisa aceitar mentalmente, no presente, o que realmente deseja que aconteça no futuro. Formar uma imagem disso torna a aceitação mais rápida.

Por quê? Porque o poder imagístico da mente faz com que pensamentos como "eu não posso ter isso" ou "isso nunca vai acontecer comigo" se transformem em pensamentos de esperança e fé, levando-nos a pensamentos como "isso pode acontecer comigo" e, finalmente, "isso vai acontecer comigo".

> Você pode acelerar sua prosperidade formando uma imagem dela.

Generalidades não produzem resultados porque não possuem força nem substância. Esperanças vagas e pensamentos indefinidos não convencem a mente nem produzem resultados construtivos. Porém, uma imagem bem definida dos benefícios que desejamos leva pessoas, lugares e circunstâncias a cooperarem com os desejos cujas imagens você elaborou.

Você pode acelerar sua prosperidade formando uma imagem dela.

Como uma companhia de seguros obteve sucesso por meio de imagens

Conhecendo o poder das imagens, o presidente de uma companhia de seguros acelerou o sucesso de sua empresa preparando uma imagem desse triunfo.

Ao fundar a companhia, ele confeccionou um "mapa do sucesso", no qual traçou um gráfico das vendas que desejava realizar num período de dez anos — especificando o montante almejado para cada ano.

Na época em que me mostrou o mapa, o faturamento da empresa já estava um ano à frente do que fora traçado no gráfico, embora atravessássemos uma época de severa recessão, quando não se esperava que ninguém estivesse prosperando.

Como imagens atraíram 500 dólares

Em vez de lutar contra os problemas, podemos imaginar como escapar deles. Uma mulher precisava desesperadamente de 500 dólares para fazer frente a determinadas obrigações financeiras. Em uma parede da casa de sua família, ela pendurou um "mapa do sucesso", que elaborou com um pedaço de cartolina.

Diariamente, olhava para as imagens de sucesso financeiro que colara no mapa e agradecia pela rapidez dos resultados. O método funcionou. Num espaço de dez dias, três metas representadas no mapa foram alcançadas. Ela removeu as três respectivas imagens e acrescentou outras imagens.

Uma de suas metas era receber 500 dólares em dinheiro. Uma semana depois de gravar essa quantia em seu mapa do sucesso, um homem que ela não via havia 15 anos bateu à sua porta para presenteá-la com um cheque de... exatamente 500 dólares! Ele explicou que a quantia era referente a uma apólice de seguros que ela contratara fazia um bom tempo. Uma mudança nas regras da seguradora fizera com que os rendimentos da apólice fossem antecipados. O cheque era resultado dessa mudança.

Como um álbum de recortes ajudou uma jovem a se casar

Visualize imagens dos benefícios que deseja, em vez de tentar alcançá-los pela força, ou mesmo pelo raciocínio. Todos os poderes do céu e da terra cooperarão com suas imagens, contribuindo para que se transformem em realidade.

Muitas pessoas visualizam férias, emprego melhor, rendimentos maiores, cura de problemas de saúde, venda de casas e empresas, perda de peso, libertação de vícios — com bons resultados. A mentalização de imagens pode libertar você de todos os tipos de problemas, tanto grandes quanto pequenos.

Uma jovem soube do poder das imagens e confeccionou

um álbum de recortes. As imagens do álbum incluíam imagens idealizadas do homem de seus sonhos. Incluíam também fotos de coisas como anéis de noivado, vestidos de casamento, festas, chás de panela, lindas cerimônias de casamento e cenas de casamentos felizes.

O método funcionou. Ela encontrou o homem de seus sonhos e logo estava usando o anel de noivado. Suas numerosas festas e chás de panela, mais tarde, foram o assunto da cidade, assim como seu enxoval de noivado. Seu casamento foi tão bonito quanto o que ela imaginara. Há poucos anos, orgulhosamente, ela me apresentou o seu "marido do álbum de recortes". Isso aconteceu na cidade de Atlanta, Georgia, onde ambos vivem até hoje, "felizes para sempre".

Como um empresário conseguiu a felicidade, a satisfação e a prosperidade

Um empresário de Ohio escreveu recentemente: "Sou projetista de máquinas e ferramentas. Durante a maior parte de minha vida, tenho lidado com a realidade dos fatos e da matemática. Nada tem muita utilidade para mim se não funcionar, mas provei a mim mesmo que uma fé inabalável, um propósito definido e fé em Deus, que sempre faz tudo pelo nosso bem, constituem uma fórmula que funciona tão bem quanto qualquer lei matemática, química ou física.

Nós não paramos para pensar por qual motivo dois mais dois são quatro ao trabalharmos em um problema matemático. Aceitamos o fato com uma fé insofismável. Temos de aceitar as leis da vida da mesma forma.

Fui apresentado a essa filosofia pela primeira vez por um engenheiro que integrava a primeira turma da doutora Ponder, no curso de prosperidade que ela ministrou no Alabama em 1958. Como resultado dessas aulas de prosperidade, ele deixou um emprego em que recebia um milhão de dólares por ano, numa empresa de construções, e ingressou em outra empresa de construções, em Ohio, onde passou a receber quinze milhões de dólares anualmente. Ele é o homem que projetou a Roda da Fortuna, sobre a qual a doutora Ponder escreveu em vários de seus livros.

Quando fui apresentado ao pensamento próspero por esse homem, algumas experiências trágicas haviam me colocado de joelhos, mental, física e financeiramente. Ele sugeriu que eu elaborasse uma Roda da Fortuna, fazendo imagens mentais do que desejava obter em minha vida — o que definiu como uma "oração em imagens", um ato de fé. Segui o conselho dele.

Os resultados? Sou hoje mais feliz, satisfeito, independente e próspero do que em qualquer outra época de minha vida! Muitas coisas começaram a acontecer sem mais nem menos, coisas que eu não acreditava serem possíveis. Cargos se abriram para mim na hora certa, dinheiro começou a fluir em minha direção, e as pessoas se tornaram mais prestativas. Até vagas em estacionamentos surgiam na hora certa. A mentalização de imagens funciona!"

Comece a profetizar a prosperidade formando imagens mentais. E diga frequentemente:

Divinamente orientado, estou progredindo em direção a benefícios maiores e a uma prosperidade abundante. Todas as coisas se transformam nas coisas certas para mim, de forma rápida e tranquila.

4.
O dom de obter sempre o melhor

Libertar-se de coisas velhas, pronunciar palavras que trarão novos benefícios e elaborar imagens desses benefícios — todos esses procedimentos são métodos específicos de abrir nossas mentes para receber. Mas existe também outro método básico para isso, exemplificado em um *jingle* popular nos Estados Unidos:

Bom, melhor, muito melhor!
A receita eu sei de cor:
que meu bom seja o melhor
e o melhor, muito melhor!

Os indivíduos, frequentemente, estão condicionados a *esperar* menos que o melhor e a *aceitar* menos que o melhor em suas vidas.

Parte desse condicionamento remonta a uma crença errônea sobre a natureza de Deus, das pessoas e do relacionamento entre as duas partes. Se você acredita que Deus tem uma personalidade dividida entre o bem e o mal, e os seres humanos são pecadores — portanto limitados em todos os sentidos —, então evidentemente você foi condicionado a aceitar menos que o melhor. Por isso, você não se atreve a pedir mais.

No entanto, quando compreendemos a Verdade sobre a bondade ilimitada de Deus e sobre como ela está ao alcance de todos, nós nos libertamos dessas crenças limitadas e dos resultados limitados dessas crenças.

Descobri que vale a pena afirmar várias vezes durante o dia:

Sempre o Melhor.

Isso me ajuda a abrir a mente para receber.

Certa vez, eu e alguns amigos estávamos passeando em uma região com a qual não estávamos familiarizados. Entramos então em um restaurante lotado e barulhento. Após discutirmos se deveríamos permanecer no local, aguardando na fila, nossa decisão foi: "sempre o melhor".

Como aquela situação não era "a melhor" para nós, saímos de lá. Logo encontramos um gracioso restaurante com vista para o mar, em uma área pitoresca. Tinha uma comida excelente e um serviço atencioso. Nada que lembrasse o barulho ou a multidão do restaurante precedente. Não teríamos descoberto e aproveitado aquele lugar incomum se tivéssemos aceitado menos que o melhor.

Como uma viúva prosperou

Quando percebemos que habitamos um universo de prosperidade ilimitada, e um Deus amoroso deseja que compartilhemos dessa vasta prosperidade, não nos sentimos culpados por ousar esperar o melhor — nem de exigir o melhor.

Nossas crenças a respeito de Deus e da humanidade podem nos levar a viver miseravelmente ou a exigir o melhor na vida. O relato a seguir veio do estado de Washington:

"Meu marido havia acabado de falecer. Aos 59 anos,

comecei a aceitar uma vida de limitações consideráveis. Vendi nossa casa e me mudei para uma pequena casa de verão que possuíamos. Vivia falando em cortar despesas, de modo a me enquadrar numa 'renda fixa'. Também aceitei que meus limites de crédito fossem reduzidos.

Eram ideias limitadoras e tolas. Realmente tolas! Nos últimos três anos, tornei-me gerente de uma imobiliária, com seis corretores trabalhando para mim; obtive uma nova hipoteca em meu nome, com base em minha própria ficha cadastral; paguei algumas dívidas imobiliárias; comprei um lindo carro novo, com todos os acessórios.

Essas bênçãos materiais, somadas a um sentimento de harmonia interior, não chegaram a mim em decorrência de um aumento de capacidade, mas porque comecei a esperar uma vida melhor. 'Eu sou a filha rica de um Deus amoroso' eram as palavras que eu usava diariamente para reafirmar a mim mesma que eu merecia tudo isso e muito mais".

Como um advogado passou no exame da Ordem dos Advogados

Um jovem advogado explica como passou no exame da Ordem dos Advogados e deu início a uma carreira bem-sucedida no Texas, depois que se condicionou a aceitar sua herança espiritual de obter sempre o melhor.

"No dia 21 de dezembro de 1971, formei-me em Direito. Durante o período de férias seguinte, a empolgação que eu sentia por ter finalmente concluído o curso deu lugar à preocupação com o exame da Ordem. Embora eu já tivesse me formado em Direito — depois de três anos de trabalho duro —, não poderia trabalhar na profissão se não passasse na prova.

Em 3 de janeiro de 1972, comecei a frequentar um curso de revisão das matérias, com duração de trinta dias. Durante as três primeiras semanas, eu estudava cerca de quinze horas por dia, mas algo dentro de mim me dizia que eu não seria aprovado. Minha esposa, que também se esforçara muito para que eu completasse o curso de Direito, assim como meus filhos dependiam da minha aprovação no exame da Ordem. Todo o meu futuro profissional dependia disso, e eu não sentia a autoconfiança necessária para aguentar a terrível pressão. No final da terceira semana do curso, eu estava para enlouquecer e estava mentalmente exausto.

Naquela semana, minha mãe nos fez uma visita e me deu uma cópia de *As leis dinâmicas da prosperidade*. Eu raramente lia alguma coisa presenteada por minha mãe, pois nossas preferências literárias eram muito diferentes. Mas, por alguma razão, sentei-me na varanda e comecei a estudar o livro. É difícil descrever o que se passava dentro de mim, enquanto eu lia que a prosperidade e o sucesso eram um direito hereditário meu — que eu poderia reivindicar. Em pouco tempo, essas ideias restauraram minha autoconfiança. Quando terminei de ler o livro, foi como se um peso enorme tivesse sido retirado de meus ombros. No dia seguinte, durante a aula, sentia-me tão confiante que fiquei surpreso.

No dia 20 de abril de 1972, passei no exame e fui admitido na Ordem dos Advogados. Em agosto, uma firma de advocacia do sul do Texas me empregou e me encarregou de abrir e dirigir um escritório no centro do estado. Era exatamente o emprego que eu rezava para obter, pois me permitiria trabalhar por conta própria, viver em uma cidade pequena e ainda ter um salário decente. Todas essas bênçãos chegaram a mim após eu ter percebido que, como filho de Deus, tinha direito a obter sempre o melhor".

Os resultados de uma "consciência de primeira classe"

Um jovem universitário costumava utilizar a seguinte frase: "Viajar de primeira classe só custa um pouco mais". Por conseguinte, tudo sempre correu bem para ele. Foi agraciado com uma esposa adorável, lindos filhos, uma casa confortável, um bom emprego e boa saúde. Por ter se mantido fiel a essa ideia, construiu para si mesmo uma vida cheia de contentamento e autorrealização.

Como um corretor de imóveis prosperou

Quando começou a ministrar seus ensinamentos há mais de dois mil anos, o Mestre dos mestres sem dúvida tinha uma "consciência de primeira classe". Além de uma enorme noção sobre como fazer orações e curar as pessoas, Jesus tinha também a consciência de obter "sempre o melhor", como evidencia nos milagres da prosperidade e nas parábolas sobre a prosperidade.

Entre suas inúmeras promessas, há uma muito familiar: "Na casa de meu Pai há muitas moradas" (João 14: 2). Um corretor de imóveis meditou sobre essa promessa de prosperidade, feita por Jesus, e recebeu dois imóveis para vender no dia seguinte.

Como exigir o melhor

Talvez você esteja pensando: "Como poderei exigir *sempre o melhor* em minha vida? Como posso fazer que isso se concretize?"

Uma afirmação que tem feito milagres para muita gente é:

Deus é muito bom, a vida é maravilhosa,
e eu fui abençoado com muitas riquezas.

Este simples pensamento nos ajuda a abrir nossas mentes para o que há de melhor na vida.

Outra afirmativa que me ajudou a obter mais prosperidade ao longo dos anos é:

Tenho o direito divino de obter o melhor.
Confio agora em meu direito divino, para poder usufruir o melhor.

Ao transformar essas afirmações em "votos de prosperidade", você se torna rico de dentro para fora.

Os sacerdotes eram milionários

O conceito de que devemos ter sempre o melhor tem uma sólida base bíblica. Os sacerdotes do Velho Testamento eram milionários. Segundo a lei mosaica, transmitida por Deus a Moisés, eles deveriam ser regiamente remunerados (Números 18: 21-32).

Quando a Terra Prometida foi dividida, onze tribos de Israel ficaram com *toda* a terra. A décima segunda tribo, os levitas, não recebeu nenhuma parcela de terra, mas ficou com o direito de receber *dízimos* das demais tribos, referentes à produção da Terra Prometida. Desses dízimos, os levitas foram instruídos a partilhar um "dízimo do dízimo" (Números 18: 26) com o tabernáculo e, mais tarde, com o templo. Por esse sistema, tanto os sacerdotes quanto os locais de culto eram regiamente remunerados. Os sacerdotes usavam as roupas mais finas e as joias mais valiosas (Êxodo 28 e 29). Os locais de culto eram decorados com madeiras raras, ricos tecidos e ouro (Êxodo 25, 26 e 27).

> Quando desenvolvemos uma noção de prosperidade, nos libertamos dos objetivos puramente materiais e ficamos livres para crescer espiritualmente, o que nos tornará mais capazes de ajudar outras pessoas.

Por decreto de um Deus amoroso, portanto, os sacerdotes deveriam ser muito bem remunerados por dízimos da opulenta Terra Prometida. O motivo do decreto talvez seja o fato de que os sacerdotes precisavam estar livres das preocupações mundanas e materiais para que pudessem crescer espiritualmente e liderar seus seguidores no caminho espiritual.

Como filhos de Deus, também somos, de certa forma,

sacerdotes. Quando desenvolvemos uma noção de prosperidade, nos libertamos dos objetivos puramente materiais e ficamos livres para crescer espiritualmente, o que nos tornará mais capazes de ajudar outras pessoas.

Os puritanos enfatizam a crença na prosperidade

A prosperidade não é apenas nossa herança espiritual, mas também nossa herança nacional. Os pioneiros, que eram puritanos, acreditavam que fomos colocados na Terra para utilizar todos os nossos talentos para prosperar — esta era a vontade de Deus. Eles acreditavam que não prosperar era um sinal de desaprovação divina.

Quando esperamos sempre o melhor, e assim prosperamos, nós estamos expandindo o projeto que os pioneiros tinham para os Estados Unidos (e para o mundo).

Com uma professora obteve o melhor

Devemos esperar o melhor e viver de tal forma que o melhor se torne parte de nossa existência. Quando ousamos fazer isso, é frequente fazermos progressos notáveis em curto espaço de tempo.

Não importa o que você vivenciou no passado. Se começar a esperar o melhor neste exato momento, suas expectativas farão com que você realize notáveis progressos rapidamente.

Esperar o melhor funciona em todos os patamares da vida.

Havia uma professora que esperava sempre que seus alunos obtivessem bons resultados nas aulas — e eles os obtinham. Esses mesmos alunos frequentemente iam mal em outras matérias, mas sempre iam bem na matéria daquela mulher. Ela esperava isso, e isso de fato acontecia.

O poeta e filósofo Goethe dizia: "Trate as pessoas como se

elas fossem o que deveriam ser; assim, você as ajudará a se tornar o que são capazes de se tornar". Aquela professora provou isso.

Recentemente, em uma escola, foi realizado um teste. Alunos do jardim de infância até a quinta série foram colocados aos cuidados de determinados professores. Foi informado a esses professores que os alunos eram excepcionalmente brilhantes, embora não fosse realmente o caso. Eram apenas alunos normais.

Mas esses alunos normais obtiveram resultados espantosos. E aparentavam ser mais felizes que os outros alunos.

Por quê? Porque responderam às expectativas positivas de seus professores. Como estes os consideravam os melhores alunos, eles se tornaram os melhores alunos.

Quando ousamos esperar o melhor de nós mesmos e dos outros, abrimos caminho para que o melhor chegue até nós, muitas vezes de forma rápida. Somos capazes de fazer enormes progressos apenas pensando: "Sempre o Melhor".

Como um médico realizou curas notáveis

Havia um médico capaz de curar pacientes que não conseguiam vencer a doença em outros lugares.

Seu currículo na escola de medicina não era extraordinário — ele fora um aluno comum. Entretanto, muitas pessoas o procuravam depois de terem tentado de tudo e eram curadas rapidamente. Uma investigação revelou o motivo: ele sempre esperava o melhor dos indivíduos.

Chegava a dizer aos que pareciam estar morrendo que não havia razão para que não se recuperassem logo — e eles frequentemente se recuperavam. Ele também dizia aos pacientes: "Você pode ficar bom — está melhor do que pensa que está". Estas palavras construtivas faziam com que os pacientes sempre esperassem o melhor. E o método funcionava.

Uma enfermeira observa que a atitude determina a recuperação

Uma enfermeira em San Antonio, Texas, explicou certa vez: "Pela atitude de uma pessoa no dia em que dá entrada neste andar do hospital, podemos dizer quanto tempo ela levará para se recuperar. Todos os pacientes deste andar têm, em essência, o mesmo problema de saúde. Quando vão para a sala de cirurgia, vão para fazer basicamente a mesma operação. Pelos padrões normais, deveriam se recuperar e voltar para casa mais ou menos no mesmo espaço de tempo. Mas as coisas não funcionam assim".

Ela prossegue: "Quando me tornei profissional de enfermagem, há vinte anos, fiz uma descoberta. Logo percebi que as atitudes determinam o tempo de recuperação de um paciente. Quando uma pessoa internada neste andar nos dá muito trabalho, é desagradável ou difícil de lidar e exagera sua doença, podemos ter certeza de que a operação será difícil e a recuperação, lenta. Mas, se o paciente é agradável, tranquilo, cooperativo e só pensa em ficar bom, sua operação transcorre sem problemas e sua recuperação é rápida".

Ela conclui: "Alguns pacientes vão para casa de cinco a sete dias após a cirurgia. São os que pensam positivamente. Outros demoram entre dez dias e duas semanas. São os que pensam menos positivamente. Outros só vão para casa depois de três semanas e permanecem com a saúde ruim pelo resto de suas vidas. São os que pensam negativamente. Tudo depende da expectativa deles".

Como uma viúva conseguiu um novo casamento

Uma viúva de 52 anos andava entediada com seu trabalho desinteressante e mal remunerado. Certo dia, soube que poderia ter o que quisesse. Aprendeu que, se esperasse o melhor, o melhor chegaria até ela, independentemente de sua idade ou posição social.

Para comprovar se isso realmente funcionava, decidiu fazer uma lista com as bênçãos que desejava receber: um emprego melhor, uma vida mais feliz e até um novo casamento.

Pouco depois, alguém lhe disse que o Alasca era um lugar de grandes oportunidades. Ela escreveu então para o maior jornal de lá, fazendo algumas perguntas.

O editor do jornal lhe escreveu pessoalmente e a incentivou a ir para o Alasca. Na época, havia fartura de empregos naquele estado e nenhuma restrição de idade. Então ela fez as malas e se mudou para o Alasca, onde logo encontrou um emprego de estenógrafa.

Seis meses mais tarde, casou-se com um ótimo homem, com quem foi muito feliz. Mais tarde, ela escreveu: "Estou contando esta experiência porque muitas pessoas reclamam sobre má sorte, falta de oportunidades, circunstâncias imprevistas, envelhecimento e assim por diante. Se as pessoas esperassem o melhor da vida, em vez de má sorte e falta de oportunidades, a sorte poderia mudar para elas".

Essa mulher proferiu a afirmação que usou para mudar sua sorte:

Hoje e todos os dias, espero o melhor. Coisas maravilhosas estão acontecendo comigo agora. Tudo o que eu faço se transforma em benefícios para mim e para outras pessoas.

Muitas vezes ela dizia também: "Coisas maravilhosas estão para acontecer". E aconteciam.

Um famoso palestrante disse recentemente: "Ninguém precisa passar a vida como um mendigo quando pode ser um rei". Essa mulher provou isso já com mais de cinquenta anos de idade.

Meditar sobre o melhor atrai o melhor

Um bom método para reivindicar sempre o melhor é meditar todos os dias sobre as seguintes palavras:

Como filho de Deus, tenho direito divino a obter o melhor.

Eu agora espero o melhor. Estou vivendo de forma a tornar o melhor parte de minha existência.

Quando espero o melhor, faço progressos notáveis e rápidos.

Quando espero o melhor para outras pessoas, coisas muito boas também acontecem para elas.

Hoje e sempre, espero o melhor.

Coisas maravilhosas estão acontecendo comigo agora, enquanto reivindico sempre o melhor — que é minha herança espiritual.

5.

O dom de mudar sua atitude em relação às pessoas

Uma notícia no jornal relatou: "Muitas pessoas estão tentando solucionar os problemas do mundo, quando ainda não resolveram os próprios problemas". É uma grande verdade. As frustrações do mundo poderiam ser resolvidas com mais facilidade se primeiro solucionássemos as frustrações em nossa vida.

Como ser espiritual, feito à imagem e semelhança de Deus, você tem domínio sobre seu mundo. Isso significa que tem liberdade no que se refere às pessoas que entram em seu mundo e saem dele. Você tem liberdade para mudar seu mundo. Se não gosta de seu mundo, ou das pessoas que estão nele, pode fazer alguma coisa para mudar isso, pois você tem o dom de mudar seu relacionamento com as pessoas.

Em vez de tentar mudar as pessoas presentes em seu mundo, trabalhe para mudar seus pensamentos e sentimentos em relação a essas pessoas.

Muitas pessoas pensam exatamente o oposto: não há nada que possam fazer para mudar o mundo em que vivem nem as pessoas que fazem parte dele. Pensam que devem tolerar e sofrer a presença de pessoas desagradáveis em suas vidas.

Não é verdade! Você pode efetuar mudanças modificando, primeiramente, sua atitude em relação às pessoas. Essas atitudes resultam de ideias que você *mantém* na mente. Você pode alterá-las mudando suas ideias e emoções.

Em vez de tentar mudar as pessoas presentes em seu mundo, trabalhe para mudar seus pensamentos e sentimentos em relação a essas pessoas. Quando fizer isso, essas pessoas responderão de duas formas: ou entrarão em sintonia com você, ou sairão de sua vida para procurar um lugar mais adequado para elas. Todos os envolvidos ficarão satisfeitos e se sentirão abençoados.

A lei da atração

Todas as pessoas presentes em seu mundo estão nele por força da lei da atração. Consciente ou inconscientemente, você as atraiu por pensamentos e sentimentos, nesta vida ou em outra.

Alguns místicos dizem que todas as pessoas que encontramos são pessoas que conhecemos antes. Afirmam que laços de amor ou ódio atraíram pessoas do passado para dentro de nossa vida. Acreditam que estamos juntos novamente por vontade divina, para aprender lições e para concluir obrigações emocionais.

Seja como for, todos os seus problemas e todos os seus benefícios estão relacionados às pessoas. Portanto, desenvolver sua atitude em relação às pessoas é uma das coisas mais eficientes que você pode fazer para melhorar seu mundo.

Talvez você já tenha ouvido esta frase: "Adoro a vida. Só não suporto as pessoas". Quando estiver preocupado com as pessoas que fazem parte de seu mundo, lembre-se das seguintes palavras:

Nada nem ninguém pode me separar do que o Universo tem para mim agora. Tudo que foi feito contra mim agora me ajuda.

A viúva que não queria se libertar da solidão

Certos indivíduos costumam se queixar das pessoas que habitam seu mundo, mas, quando têm a oportunidade de atrair pessoas novas, recusam-se a fazer isso. Gostam de ter "problemas com as pessoas" e não querem se libertar delas.

Conheci uma senhora viúva que se sentia muito só. Frequentemente vinha me visitar na igreja à qual eu servia. Dizia que queria ter outra coisa para fazer na vida, além de visitar seus filhos e sua família. Então orávamos e pedíamos a Deus que lhe apresentasse pessoas novas — e Deus fez isso.

Certo dia, um membro de nossa igreja lhe apresentou seu irmão viúvo. Ambos os viúvos descobriram que tinham muitos interesses em comum. Além disso, eram financeiramente independentes e gozavam de boa saúde.

Mas, quando o homem a pediu em casamento, ela recusou, embora sempre tivesse pensado nisso. O motivo? Ele estava na casa dos setenta anos; ela, na dos sessenta. Segundo ela, *ele* era "velho demais" para ela.

Um Deus amoroso respondeu às preces daquela viúva, mas ela não desejava mudar sua atitude em relação às pessoas, só queria ter algum motivo para se queixar. Então ela continuou a viver sozinha e a alegar que não gostava da situação. Não acredite nisso.

Desenvolver a atitude em relação às pessoas pode acarretar mudanças

Deus é a fonte de todos os benefícios, mas usa as pessoas como veículos para levar Suas bênçãos até você.

Perceber quantos benefícios chegam até nós por meio de outras pessoas é, ao mesmo tempo, humilhante e inspirador. É também humilhante, embora não muito inspirador, perceber com que frequência nós mesmos cortamos os canais de nosso bem-estar, ao não apreciarmos as pessoas que já estão em nossas vidas.

Também cortamos os canais de nosso bem-estar quando não abrimos nossas mentes para a possibilidade de que pessoas novas entrem em nossas vidas, pessoas que poderiam nos trazer inúmeras bênçãos.

Certa vez, eu me vi na situação de ministra convidada em uma pequena e sonolenta igreja. Fiz então algumas coisas para ver se acordava aqueles membros da igreja e a ajudava a crescer. Quando ela começou realmente a crescer, porém, os membros mais antigos começaram a se ressentir do crescimento. Não gostavam dos novos adeptos. Diziam: "Agora, quando venho à igreja, não vejo mais ninguém conhecido. Só vejo essas *pessoas novas*".

Não há nada de incomum nessa atitude. A maioria de nós tende a se ressentir das pessoas novas que entram em nossa vida com outras mudanças, mesmo quando nos ajudam a resolver nossos problemas e nos trazem bênçãos.

Por que existem pessoas problemáticas em nossa vida

Como podemos desenvolver nossa atitude em relação às pessoas? Como podemos atrair deliberadamente pessoas felizes, tranquilas, evoluídas, que tenham afinidade conosco? Como podemos livrar nossa vida do *peso morto*, isto é, daqueles indivíduos problemáticos com os quais não temos afinidade, cuja associação conosco já deu o que tinha de dar? Os indivíduos problemáticos estão em nosso caminho por determinação divina, embora possa parecer que não. E estão em nossa vida porque os atraímos — por um desses dois motivos:

Primeiro. As pessoas problemáticas estão em nossa vida para serem abençoadas por nós.

Segundo. As pessoas problemáticas estão em nossa vida para nos ensinar alguma coisa.

Quando nos ressentimos dessas pessoas, quando lutamos contra elas ou as criticamos, nós as seguramos em nossa vida por meio dessas poderosas emoções negativas. A maioria de nós já fez isso.

Mas, se percebermos que as pessoas problemáticas estão em nossa vida por vontade divina — para podermos abençoá-las ou aprendermos com elas —, será mais fácil nos libertarmos e seguirmos em frente, rumo a relacionamentos novos e mais felizes.

Em vez de se ressentir das pessoas que atravessam seu caminho, diga mentalmente:

Você está em minha vida por determinação divina. Você cruzou meu caminho para que eu possa aprender alguma coisa com você. Você cruzou meu caminho para receber minha bênção. De boa vontade lhe dou minha bênção e o libero para que você alcance maiores benefícios em outro lugar.

Basta pensar nessas palavras para que os relacionamentos infelizes comecem a perder força e possam ser superados.

Como a autora se libertou de pessoas problemáticas

Certa vez, eu me vi cercada de pessoas desagradáveis, com quem eu não tinha nada em comum. Nada funcionou para me libertar daquelas pessoas enquanto as condenei. Minhas críticas me ligavam a elas ainda mais fortemente.

Mas, no momento em que comecei a abençoá-las como parte dos meus benefícios, elas responderam. Logo me livrei daquele conjunto de circunstâncias pelo curso natural dos acontecimentos: recebi uma oferta para mudar de emprego. Nenhuma porta se abriu para mim até que eu começasse a abençoar, em vez de criticar, as pessoas que me afligiam.

Diga palavras de libertação

Muitos de nós perdemos tempo resistindo, alimentando ressentimentos e lutando mentalmente contra pessoas que estão em nosso mundo, quando essas pessoas iriam embora rapidamente se as liberássemos.

Uma eficiente afirmação de libertação é:

Deus coloca em minha vida as pessoas certas, que podem me ajudar a me fazer feliz, pessoas a quem eu posso ajudar e fazer feliz. Que os indivíduos que não me sejam altamente benéficos saiam de minha vida e encontrem seu bem-estar em outro lugar. Eu os abençoo em sua viagem.

Certa mulher estava desesperadamente infeliz no casamento, mas se sentia atrelada a ele por conta de seus seis filhos. Quando soube do poder que existe nas palavras que nos libertam de relacionamentos conflituosos, ela decidiu pronunciá-las. Diariamente, declarava: "Minha vida não pode ser limitada. O Cristo dentro de mim me liberta agora de todas as limitações. Estou livre e desimpedida. Agora estou me relacionando verdadeiramente com todas as pessoas e situações".

Embora essas afirmações diárias lhe dessem uma sensação de esperança, não a libertaram do casamento infeliz. Seu relacionamento com o marido se tornou mais harmonioso, mas ela sentia que o casamento já estava esgotado.

> Nenhuma porta se abriu para mim até que eu começasse a abençoar, em vez de criticar, as pessoas que me afligiam.

Um dia, ela ouviu falar das palavras que nos libertam de pessoas presentes em nossas vidas. Aprendeu também que, quando você as liberta, as que devem permanecer em nossa vida permanecerão. E as que devem partir sairão pacificamente de nossas vidas.

Então começou a dizer, todos os dias, as seguintes frases:

Eu agora liberto e me liberto de tudo e de todos que já não são parte do plano divino de minha vida.

Que tudo e todos que já não são parte do plano divino de minha vida me libertem agora e encontrem seu bem-estar em outro lugar.

Elevo-me agora, rapidamente, ao plano divino de minha vida, onde todas as condições são perfeitas, de modo permanente.

O marido dela logo concordou com o divórcio — uma coisa que ele dissera que jamais faria. O processo de divórcio transcorreu tão discretamente que poucas pessoas o notaram. Assim que terminou, ela levou os seis filhos para conhecer os avós maternos, que viviam em outro estado. Nessa visita, encontrou um bom homem, com quem se casou pouco tempo depois.

Quanto aos seis filhos dela, o novo marido ficou feliz em tê-los em seu rancho, onde demonstraram ser uma bênção, sob diversos aspectos. A vida nova e ampliada funcionou maravilhosamente para todos os envolvidos.

Mas nada disso teria acontecido se aquela mulher, antes infeliz, não tivesse pronunciado as palavras que a libertaram do relacionamento desarmonioso.

Liberte também as pessoas que você ama

As pessoas que lhe causam problemas podem não ser as de que você não gosta; podem ser as que mais ama. Em meio ao amor que sentem por você, existe às vezes um sentimento de posse, de dominação, de falta de liberdade, que pode provocar problemas de relacionamento. As relações familiares pouco harmoniosas são um exemplo disso.

Quando você se sente tolhido pelas pessoas que ama, está na hora de afirmar:

Minha vida não pode ser limitada.

O Cristo dentro de mim me liberta agora de todas as limitações. Estou livre e desimpedido.

Você pode vivenciar a liberdade com as pessoas que ama, declarando frequentemente:

Eu amo todas as pessoas e todas as pessoas me amam, sem nenhum vínculo.

As pessoas que se ligaram indevidamente a você encontrarão outros interesses e sairão de sua vida naturalmente. Seus relacionamentos com elas se tornarão mais equilibrados e livres. E você poderá desfrutar da companhia delas novamente.

A libertação emocional frequentemente acarreta mudanças

Quando você começa a falar palavras de libertação dos vínculos, algumas surpresas podem ocorrer. A decisão de libertar o que já completou seu curso em sua vida geralmente acarreta mudanças.

Muitos dos males humanos são causados porque nos ligamos de maneira inconsequente às pessoas e coisas — ou permitimos que pessoas e coisas insensatamente se liguem a nós. Nossa libertação não significa apenas dispensar o que se tornou incômodo. O bem-estar raramente é estático. É progressivo. Evolui e muda. Portanto, devemos evoluir e mudar na mesma medida. Devemos nos libertar de algumas formas costumeiras de bem-estar — caso nossos progressos ou os progressos de outros envolvidos o exijam. Podemos fazer isso, pois nada pode tirar de nós o que é nosso por direito divino.

Como se libertar da opinião dos outros

Ao reivindicar nossa felicidade, devemos nos libertar das opiniões que outras pessoas têm sobre o que devemos ou não fazer. Quando aprendemos a nos libertar das opiniões alheias, quase todos os nossos problemas podem ser resolvidos (devemos, é claro, procurar aconselhamento profissional em questões técnicas, com médicos, advogados, contadores, corretores ou gerentes de banco, mas precisaremos avaliar os conselhos, apoiando-nos fortemente em nossos sentimentos interiores a respeito do que é melhor para nós).

Temos de aprender também a não dizer a outras pessoas o que devem ou não fazer. Elas possuem uma inteligência divina para orientá-las. É uma atitude sábia orar para que essa inteligência lhes mostre o caminho. Quando estiver tentado a oferecer ou receber conselhos não solicitados, afirme:

Declaro que você está livre das opiniões alheias. Declaro que eu mesmo estou livre das opiniões alheias. Todas as coisas se ajustam ao que é certo, agora, rapidamente e em paz.

Como um médico provou que o bem de um indivíduo pode ser o bem de todos

Podemos nos libertar das opiniões alheias reconhecendo que aquilo que mais satisfaz nossos sentimentos interiores é o melhor para nós e para todos os envolvidos. "O bem de um é o bem de todos", diz um velho provérbio.

Certa senhora trabalhou longa e duramente para que seu filho completasse os estudos, inclusive a escola de medicina. Depois de se formar, ele abriu um pequeno consultório em sua cidade natal. Estava indo muito bem. Recebeu então uma oferta para estudar na Europa, com um famoso psiquiatra. Ele hesitou em aceitá-la, pois teria de deixar sua mãe sozinha por um longo período, mas acabou aceitando.

As amigas de sua mãe disseram a ela:

— Que filho egoísta você tem. Depois de tudo o que você fez por ele, ele deixa você sozinha e vai se divertir no exterior.

É possível perceber quando estão tentando infligir a você sentimentos de culpa: é quando os indivíduos consideram que você está sendo egoísta pelos parâmetros *deles*.

Aquele jovem médico decidiu que tanto sua vida quanto a de sua mãe melhorariam se ele estudasse no exterior.

Sua mãe sentiu-se bastante sozinha, mas foi se acostumando aos poucos. Quando o filho voltou, tornou-se um bem-sucedido psiquiatra e pôde proporcionar-lhe muito mais do que ela jamais sonhara ter. E ela se sentiu mais feliz do que imaginara ser possível.

O jovem médico provou que, *se uma coisa é boa para você, a longo prazo será boa para todos os envolvidos.* Se uma coisa não for adequada para você, a longo prazo não será adequada para ninguém que estiver envolvido.

Muitos dos nossos problemas seriam resolvidos se parássemos de tentar agradar os outros indevidamente. Pare de se dobrar às opiniões dos outros. Comece a pensar no que é certo para você. O que estiver certo para você também estará para os outros. Não se preocupe com "o que as pessoas estão pensando". O que interessa é o que você está pensando.

Se você fizer o que for melhor para você, isso será o melhor para todos. O curso da ação que o faz sentir-se bem interiormente é o seu maior benefício. Aceite esse benefício. Sua única obrigação é com o Espírito da Verdade que está dentro de você. Essa é a bússola a ser seguida quando seus princípios estiverem confusos.

O que é certo nos dá uma sensação de paz

O modo de nos assegurarmos de que o que estamos fazendo é certo para nós é fazer o que nos dá uma sensação de paz.

O que lhe der uma sensação de luta e conflito interior é falso. O que lhe der uma sensação de paz é certo.

Uma vez tive um problema de relacionamento que lutei interiormente para resolver, mas nada funcionava. Quando pensava no assunto, só tinha uma sensação de conflito. Finalmente, abençoei as pessoas envolvidas e, mentalmente, as libertei para seguirem seu caminho em paz. Minha afirmação foi simplesmente esta:

Eu abençoo vocês e os liberto para seguirem seu caminho em paz.

O método funcionou. Os indivíduos logo saíram de minha vida. Meses mais tarde, quando os vi novamente, tudo transcorreu de forma pacífica e correta.

Portanto, qualquer coisa que lhe proporcione uma sensação de paz é a coisa certa a ser feita. O que lhe der uma sensação de conflito e luta é o que *não* deve ser feito. Quando você afirma: "Eu abençoo você e o liberto para seguir seu caminho em paz", abre caminho para que a situação se corrija. As pessoas e as situações muitas vezes corrigem a si mesmas quando as abençoamos e as libertamos.

O que você pode fazer para ser feliz

Outro modo de desenvolver a atitude em relação às pessoas é tomar uma posição mental em relação à sua vida e às pessoas nela presentes. Diga a si mesmo:

Eu tenho direito a ser feliz e peço minha felicidade agora.

Depois, pare de reclamar. Pare de falar aos outros sobre seus problemas de relacionamento. Comece a enxergar os pontos positivos de seus parentes, amigos e colegas. Quando alguém lhe perguntar como estão as coisas, declare a Verdade como a sente no plano interior. Diga que as coisas estão melhorando o tempo todo, que você se sente ótimo e a vida é maravilhosa.

Pare de conversar sobre o que não deseja. Pare de conversar sobre as pessoas que o magoaram. Pare de alimentar situações desagradáveis com conversas negativas. Isso somente as mantém vivas.

Comece a fazer coisas diferentes. Ative sua vida social. Expanda seu círculo de amigos, mas de forma seletiva. Elimine de sua vida social os indivíduos que não o entusiasmam nem inspiram. Eles não poderão lhe trazer nada de bom.

Deliberadamente atraia para sua vida social indivíduos que pensam como você. Eles podem se tornar amigos construtivos. Pare de aceitar qualquer pessoa em seu círculo social. Você pode ser obrigado a trabalhar com indivíduos dos quais não gosta — pelo menos até corrigir sua atitude em relação às pessoas —, mas não tem de ser amigo deles.

> Elimine de sua vida social os indivíduos que não o entusiasmam nem inspiram. Eles não poderão lhe trazer nada de bom.

E relaxe somente na companhia de pessoas felizes e construtivas. Eis por que isso é tão importante: quando você está relaxado, seu subconsciente absorve sugestões de forma muito mais rápida. Por isso, você só deve relaxar na companhia de pessoas que pensam e falam de forma construtiva.

Na vida, encontramos três tipos de pessoas.

Primeiro tipo: pessoas que podemos ajudar;

Segundo tipo: pessoas que estão no mesmo nível mental, emocional e econômico em que nos encontramos;

Terceiro tipo: pessoas que podem nos ajudar.

Ao relaxar, assegure-se de fazer isso na companhia de alguém das duas últimas categorias. Não se esgote mental ou emocionalmente tentando relaxar na companhia daqueles que precisam de sua ajuda. Como parte de seus esforços humanitários, você pode ajudar indivíduos nessa categoria, do modo que mais lhe convier, mas não tente relaxar com eles. Fazer isso é sempre desgastante e causa desapontamentos. O período em que você desejava relaxar se transformará em um período de trabalho. E, sendo um período de trabalho extraoficial, você não será pago por seu tempo e esforços.

Como a autora atraiu novas pessoas para sua vida

Houve uma época em que a igreja à qual eu servia precisava desesperadamente de novos frequentadores. Essa época coincidiu com um período em que eu precisava de novos amigos pessoais. Então, discretamente, elaborei um "mapa de pessoas". Em um grande pedaço de cartolina cor-de-rosa, colei fotos de pessoas felizes — jovens, aposentados e, principalmente, casais.

Olhava o mapa diariamente. Num espaço de poucas semanas, percebi que novas pessoas estavam começando a ingressar em meu mundo. Em seis meses, meu mundo estava cheio de pessoas novas, que pareciam perfeitas para ele. Alguns de meus melhores amigos surgiram nesse período.

Alegre seu mundo

Alegre-se! Alegre sua casa e seu escritório. Saia mais. Descubra coisas que o façam feliz. E lembre-se sempre de dizer:

Um Deus amoroso deseja que eu seja mais feliz do que jamais fui! Eu tenho o direito divino de ser feliz, portanto peço minha felicidade agora.

Então, abra os canais de sua vida para receber novas pessoas e novos benefícios. Os resultados o deixarão assombrado. É um modo maravilhoso de abrir sua mente para receber.

O dom do crescimento e da expansão

A palavra *crescer* significa "expandir-se", "aumentar em tamanho" ou "evoluir para a maturidade".

Você recebeu o dom do crescimento e da expansão. Isso faz parte da sua herança de benefícios ilimitados. Entendendo o processo do crescimento, você aceita mais facilmente esses benefícios e os aumenta com rapidez.

Todos estão evoluindo rumo à maturidade, embora muitos não saibam disso. Quando você entra no caminho da interiorização e aprende que o poder do pensamento é uma ferramenta para a prosperidade, seu crescimento pode se acelerar. Aprender isso o ajudará a reconhecer e entender as fases pelas quais você deverá passar. Assim, seu crescimento não será penoso.

As três fases do crescimento

O processo do crescimento interior, ou a evolução de sua prosperidade, é bastante semelhante ao processo do crescimento físico. Basicamente, você passará por três fases.

Primeira. Há uma época de plantar a semente.

No plano interior, esta é a época de plantar a ideia de prosperidade em seus pensamentos e sentimentos, preparando-se para sua concretização. A maioria das ideias expressas anteriormente neste livro tem esse propósito.

É um período de grande atividade. Você estará plantando em seus pensamentos e sentimentos — de forma deliberada — a ideia da prosperidade. Durante esta fase, você talvez esteja lendo livros motivacionais e de autoajuda, ou planejando a vida que deseja, mediante listas ou imagens em um mapa do sucesso.

Durante esse período, convém frequentar aulas e palestras sobre o assunto. Você deverá se associar com pessoas que pensam e falam de modo construtivo. Você deverá priorizar Deus em termos financeiros, pagando o dízimo de forma consistente, invocando assim o número dez, o número mágico do crescimento. De todas as formas possíveis, você expandirá seus pensamentos sobre a prosperidade. Oferecer suas ideias a outras pessoas também é útil.

Ao fazer tudo isso, você começará a se sentir conscientemente no controle de seu mundo e sentirá que tanto o crescimento interior quanto o exterior estão lentamente tomando forma.

Segunda. É hora de aguardar a colheita dos benefícios.

É o período em que você esperará que a semente da prosperidade crie raízes e cresça sem ser notada, até atravessar a crosta de pensamentos, sentimentos e situações ruins do passado. Nesse período, você deverá lembrar a si mesmo que *é preciso um trabalho interno antes que haja um trabalho externo.*

É a fase mais difícil do processo de crescimento, mas é também a mais importante. Muitas pessoas desistem neste ponto. Como não persistem, param de avançar.

Terceira. É a última fase do crescimento. É a hora da colheita. As preces são atendidas, os resultados aparecem. Quando isso acontece, você diz: "Como é bom".

Dos três períodos, o mais difícil é o segundo, quando parece que nada está acontecendo, mas tudo está acontecendo.

Você quer saber como lidar com essa fase frustrante, quando você está crescendo interiormente, mas ainda não vê nenhum resultado?

Como um empresário obteve sucesso na segunda fase

Um empresário descobriu como enfrentar com sucesso a segunda fase de seu crescimento — quando parecia que nada *estava* acontecendo, mas tudo estava acontecendo.

Ele havia adquirido uma nova empresa nos arredores de sua cidade. Nesse novo empreendimento teve Deus como sócio, mediante o pagamento do dízimo. Ele achava que prosperaria e prosperou, por algum tempo. Seus negócios floresceram, mas subitamente, sem razão aparente, os negócios começaram a minguar. Todos os esforços que ele fez para que prosperassem fracassaram.

Certa noite, ao término do expediente, ele se trancou no escritório e olhou para os recibos que tinha sobre a mesa. Os resultados eram tão desencorajadores que ele rezou, pedindo orientação.

Na oração, perguntou: "Deus, qual é a verdade desta situação?" E um pensamento lhe veio à cabeça: "Esta é a hora de crescer interiormente". O pensamento o deixou satisfeito, e uma enorme sensação de paz se apoderou dele.

Como fora criado em uma fazenda, ele conhecia a necessidade de um período de crescimento em todos os processos. Lembrou a si mesmo que o fazendeiro planta a semente e deixa a paciência fazer seu trabalho, antes de colher alguma coisa.

Esse empresário compreendeu que ele também precisava de tempo para crescer. Na mesma noite, começou a plantar uma nova safra de bons pensamentos. Primeiramente, fez uma pilha com os recibos do dia, outra com as contas ainda por pagar e as abençoou. Da pilha de contas não pagas, selecionou uma que já poderia pagar e fez isso. O que sobrou investiu em alguns produtos de sua empresa que vendiam bem. Sabia que esses itens poderiam lhe proporcionar um rápido retorno.

Em vez de pedir a Deus que acelerasse as coisas, ele passou a pedir orientação divina em suas transações comerciais. Começou a rezar mais e a reclamar menos. Diariamente, meditava sobre as infinitas possibilidades do bem. Prestava menos atenção nos problemas aparentes.

Coisas boas começaram a acontecer! Um cliente com o qual ele sempre contara, mas havia perdido, retornou inesperadamente, trazendo vários clientes novos. Fatos como este ocorreram em rápida sucessão. Com o curso natural dos acontecimentos, seus negócios prosperaram. Ele percebeu depois que se tornara uma pessoa muito mais bem-sucedida do que antes, e isso se devia ao seu período de amadurecimento. Descobriu que o *processo de crescimento não pode ser compactado em um único instante*. Seu período de colheita acabou surgindo, mas apenas quando ele estava preparado para recebê-lo, tanto interna quanto externamente.

Esse homem descobriu algo que todos nós deveríamos saber: o crescimento interior sempre ocorre primeiro. O crescimento exterior e a expansão dos negócios vêm depois. Quantas vezes já não tentamos inverter esse processo?

Muitas vezes, queremos obter os resultados externos antes de termos crescido internamente. Entretanto, as coisas precisam de um período de amadurecimento, assim como nós. Uma criança cresce sem perceber, e nós também.

O poder enriquecedor da paciência

Certo *designer* mundialmente famoso — cujos rendimentos anuais alcançam atualmente três milhões de dólares e cuja firma fatura duzentos milhões de dólares por ano — foi, um dia, um menino pobre. Quando lhe perguntaram o segredo de seu sucesso, ele respondeu: "A paciência tem um poder enriquecedor. Tive de aprender a relaxar, aceitar o que aparecia, digerir tudo e aprender com a experiência. Se você se comporta de forma muito agressiva, pode afugentar a prosperidade. Mas, quando deseja mesmo alguma coisa, você pode obtê-la — a seu tempo — desde que esteja disposto a trabalhar por ela e depois esperar por ela. Hoje muitos *designers* mais jovens que eu estão fora do mercado, simplesmente porque tinham muita pressa. A impaciência deles os impediu de alcançar o sucesso".

O conselho dado pelos primeiros cristãos ainda se aplica: "Ora, a constância deve levar a uma obra perfeita; que vos torneis perfeitos e íntegros, sem falta ou deficiência alguma" (Tiago 1: 4).

Por que o período de amadurecimento é necessário

Descobri ao longo da vida que algumas coisas boas que hoje recebo, tanto pessoal quanto profissionalmente, são bênçãos que eu pensava estar preparada para receber muitas décadas atrás. Percebo agora que minhas raízes não haviam penetrado profundamente no invisível, para que eu pudesse receber e conservar essas bênçãos. Se as tivesse recebido naquela época, meu crescimento teria sido falso. Eu não as teria conservado e teria de recomeçar o processo de crescimento.

Talvez você esteja acostumado a usar palavras ou imagens para obter novos benefícios — esperando resultados imediatos. E às vezes os obtém. Você *deve* acreditar em "benefícios instantâneos" e *deve* ter mais benefícios do que teve no passado.

Mas, se as coisas não acontecerem com a rapidez esperada, lembre-se da segunda fase de seu crescimento. É preciso aceitá-la de forma organizada e natural. Não tente forçar o crescimento interna nem externamente. Caso faça isso, poderá perder tudo. "O que você consegue pela força terá de manter pela força", diz um sábio provérbio.

Como um jovem desperdiçou seus talentos

Certa vez, conversei com um jovem empresário que desejava se tornar pastor. Durante um almoço ele, sua esposa e eu discutimos o assunto. Eu jamais encorajo alguém a tornar-se pastor, nem descrevo um quadro róseo da profissão. Física, mental e emocionalmente, trata-se de um trabalho duro. É um trabalho de amor, mas é um trabalho — e do tipo mais desgastante.

Eu disse ao jovem que a maioria dos pastores trabalha demais e ganha de menos. Com o mesmo tempo de formação, ele poderia se tornar um médico ou advogado de sucesso, ganhando muitas vezes mais do que receberia como pastor. Estima-se que, se o pastor médio fosse pago como um executivo, considerando o tempo e a energia que dedica ao trabalho, teria de receber pelo menos 200 mil dólares por ano![4] (a maioria dos pastores que conheço não ganha um décimo dessa quantia).

> Um segredo fascinante a respeito da lei do crescimento é o seguinte: não existem linhas retas em nosso crescimento.

Contudo, ele era um vendedor agressivo, sabia utilizar em seu trabalho o poder do pensamento. Portanto, não via por que não mergulhar de cabeça no ofício sacerdotal. Costumava dizer: "Não preciso de todo esse treino pastoral. Já sou um bom orador. Já estou pronto para ser pastor, só que não me deixam".

Eu pensava: "Graças a Deus, 'não deixam'. Seria um desastre se deixassem".

Aquele jovem lembrava uma árvore só com folhagens e sem raiz. A primeira tempestade a derrubaria.

Conversei com ele no sentido de fazê-lo temperar seu

---

4 Desde que este livro foi publicado pela primeira vez, salários e preços aumentaram enormemente. Mas muitos pastores ainda trabalham demais e ganham de menos, o que já é uma tradição. Eles consideram seu trabalho estressante, mas é um trabalho de amor.

ardor com compreensão[5]. Ele não ficou nada feliz quando tentei convencê-lo a diminuir o ímpeto. Estava na segunda fase de seu crescimento — o período de espera — e não gostava de esperar. Entretanto, como todos nós, ele precisava desse período.

Aquele jovem poderia ter sido uma pessoa melhor se tivesse passado, sem resistir, pelo período de amadurecimento. Infelizmente, resistiu. Logo deixou sua igreja e foi liderar um grupo religioso pouco convencional, que enfatizava a utilização do poder mental para a obtenção de resultados.

A última vez em que ouvi falar dele foi através de uma ligação interurbana de sua esposa. Ela disse que ele estava mentalmente confuso, emocionalmente esgotado e fisicamente exausto. É claro que estava!

Todos nós temos, frequentemente, tendência a agir como aquele jovem. Ele tentou obter os benefícios da vida sem estar devidamente preparado e adequadamente iniciado. Os esforços para arrombar as portas do paraíso podem acabar violando a lei do crescimento. Todas as vezes em que violamos essa lei importantíssima, sofremos uma reação negativa — que muitas vezes toma a forma de confusão mental e perturbação interior. Mas essa reação pode valer a pena, se nos fizer diminuir o ritmo, colocando-nos em sincronia com nosso desenvolvimento.

Não existem linhas retas no crescimento

Um segredo fascinante a respeito da lei do crescimento é o seguinte: não existem linhas retas em nosso crescimento.

As pessoas costumam imaginar o progresso como uma estrada retilínea, que toda a humanidade deve seguir, mas não existe desenvolvimento linear em nenhum lugar do universo. Tudo se move em guinadas, voltas e ciclos, tanto no tempo quanto no espaço.

---

5 Leia o capítulo 11 de *Segredos da cura de todos os tempos*, de Catherine Ponder, também publicado pela Editora Vida e Consciência.

Não é à toa que um dos mais velhos símbolos universais é o círculo.

Os gregos antigos diziam que o progresso anda em espiral, e a história se repete sempre em um patamar à frente. O significado disso para você, como indivíduo, é o seguinte: independentemente do número de guinadas, voltas e mesmo quebras que possam ocorrer nas linhas de sua vida, o crescimento ainda está em processo.

Crescimento e desenvolvimento não ocorrem em linha reta na natureza.

O filósofo Khalil Gibran (1883-1931) explicou o processo de crescimento em seu livro *O profeta*:

"... a alma percorre todos os caminhos. A alma não segue uma linha, nem cresce como o junco. A alma desdobra a si mesma como um lótus de inúmeras pétalas."

O crescimento não segue uma linha reta — quer na horizontal, quer na vertical. Nós nos desdobramos como um lótus de inúmeras pétalas, passando por diversas experiências. Lembre-se sempre de não ficar desapontado quando lhe parecer que não existe um caminho retilíneo em direção à prosperidade maior. Você só deve almejar os benefícios para os quais está devidamente preparado e adequadamente iniciado. Não se esqueça de que os esforços para arrombar as portas do paraíso são uma violação da lei do crescimento, cujo resultado é uma violenta reação. É preciso que haja um trabalho interno para que haja um trabalho externo. Portanto, relaxe.

Como enfrentar os períodos sombrios de iniciação

Um dos modos de se tornar um iniciado no caminho da prosperidade é aprendendo a enfrentar os períodos sombrios de forma pacífica, harmoniosa e serena. Nunca lute contra as trevas. O crescimento está se processando. Permita isso.

O plano divino de sua vida cresce tanto na escuridão quanto na claridade. Como uma semente, o plano divino de sua vida cresce no sol e na chuva. Períodos sombrios, repletos de desafios, parecem ser necessários para nos tirar de uma posição estática e nos colocar em uma posição favorável ao desenvolvimento espiritual e psíquico. Se tudo de que você necessita chegasse às suas mãos sem nenhum esforço de sua parte, você acabaria se estagnando e morrendo.

Enfrentando e superando os obstáculos que a vida apresenta, você é continuamente impelido para cima. Você já nasce com a ânsia de se desenvolver, de crescer, de expandir sua prosperidade. Isso faz parte de sua natureza divina. Por meio dos desafios da vida, você é forçado a avançar no caminho do crescimento, rumo a maturidade, profundidade e compreensão.

A semente da divindade está dentro de todos nós. Através dos períodos sombrios de nossas vidas, temos a oportunidade de nos voltarmos para o nosso interior, acordando, estimulando e desenvolvendo a divindade.

Períodos sombrios são apenas períodos de iniciação para a prosperidade maior, no plano interno da vida. Os propósitos de Deus para a sua vida incluem crescer tanto nos períodos sombrios quanto nos períodos felizes. Nos períodos sombrios, declare sempre:

Cresço com a minha prosperidade.
Acompanho a minha prosperidade.

É o momento de tratar com carinho as experiências negativas da vida. Diga a si mesmo: "Trato isso com carinho, e isso vai passar."

O crescimento ocorre
quando nossa vida toma novos rumos

Uma famosa vidente declarou há pouco tempo que sua vida muda por completo a cada dez anos. Depois de passar esse tempo testando cientificamente seus poderes extrassensoriais, ela descobriu que sua vida estava tomando um novo rumo. Entrou então no ramo editorial e começou a escrever sobre assuntos extrassensoriais. Após dez anos na área de publicações parapsicológicas, sua vida deu outra guinada. Deixando o ramo editorial, ela decidiu viajar pelo mundo, fazendo palestras sobre parapsicologia.

Essa vidente percebeu que, quando nossa vida toma um novo rumo, isso faz parte de nosso crescimento. É sinal de que está havendo equilíbrio.

O que fazer enquanto se aguarda
a última fase do crescimento

Quando você estiver na segunda fase do crescimento — a fase do *trabalho interno* — aguardando que o trabalho externo produza seus frutos, é hora de se lembrar disto: como um ser que cresce e evolui, você está onde está para poder aprender, para poder crescer.

Depois que você aprende as lições contidas em todas as situações, elas desaparecem, dando lugar a situações melhores.

Como aproveitar ao máximo esse período?

Uma revista publicou, certa vez, um artigo sobre a utilização de luz artificial para acelerar o crescimento das plantas. O texto descrevia experiências nesse sentido, conduzidas por uma importante universidade estadual. Título do artigo: "Como a luz pode fazer uma grande diferença no crescimento das plantas".

Da mesma forma, quanto mais você ilumina sua vida, mais rapidamente será seu crescimento rumo à prosperidade maior.

Use os períodos pouco movimentados de sua vida para crescer. De forma deliberada, acenda a luz do conhecimento, da verdade e da compreensão. Estude mais. Medite, faça afirmativas e ore com frequência. Preste mais atenção à sabedoria do universo durante tais intervalos. Relaxe e tenha fé.

Colhendo os frutos

Enquanto você ainda estiver se aprimorando, a terceira fase de seu crescimento entrará em cena: o momento da realização e da colheita.

Quando sentir que esse momento está próximo, você poderá ajudá-lo a se manifestar externamente declarando:

O trabalho de minhas mãos e os planos de minha vida estão se movendo rapidamente em direção a uma realização segura e perfeita. Já antevejo os benefícios. Deposito minha confiança na ação correta de Deus. Este é um momento de realização divina. Colho agora meus benefícios, enquanto milagres se sucedem e maravilhas nunca terminam.

7.

O dom da prosperidade crescente

Outro dom que prepara sua mente para receber é o dom da prosperidade crescente. Um "dom" é como um presente, que pode ser tangível ou intangível. Não é, geralmente, acompanhado de trabalho duro ou enormes esforços por parte do agraciado. É concedido como uma expressão de amizade, afeição, admiração ou estima.

A palavra *crescer* significa "aumentar em tamanho, quantidade ou grau; multiplicar". Todos os indivíduos normais estão interessados na possibilidade de receber tais presentes, que não exige trabalho duro ou grandes esforços; presentes que farão seus benefícios se tornarem maiores ou se multiplicarem. Que perspectiva maravilhosa!

O segredo da prosperidade crescente

Estima-se que pelo menos trinta milhões de pessoas estudaram métodos de autoajuda durante a última década, e 80% dos americanos adultos estão engajados na busca da autorrealização por meio da autoajuda. A chave da autorrealização pode ser a capacidade de aprender, ou não, o segredo da prosperidade crescente.

Diversos esquemas têm sido sugeridos para o enriquecimento rápido. Muitos falham por ter base em *obter* — não em *doar*. Eis como funciona o segredo da prosperidade crescente: a doação sistemática é o início do crescimento sistemático. A doação, no entanto, deve ser feita de determinada forma — mediante o pagamento do dízimo. A palavra *dízimo* significa "um décimo". Os povos antigos consideravam "dez" como o número mágico do crescimento.

Você deve pagar o dízimo *antes de qualquer outra coisa* e de modo impessoal —, independentemente do que você gasta consigo mesmo, com sua família, com seus negócios ou com seus amigos. Essas ofertas impessoais são geralmente doadas a instituições religiosas, embora instituições beneficentes, culturais e educacionais, entre outras de cunho humanitário, também possam ser incluídas. Isso depende do crescimento da alma de cada um (como se explica adiante, neste capítulo).

Partilhar sistematicamente com o universo uma fração de tudo que o universo partilha com você é o início do crescimento pessoal. Assim como o fazendeiro devolve ao solo, para enriquecê-lo, um décimo de suas sementes, a doação impessoal abre os caminhos de quem a pratica para o enriquecimento em todos os níveis.

Por quê? Porque um Deus amoroso e um universo rico ficam felizes em multiplicar os benefícios que você almeja, como uma expressão universal de afeição, admiração e estima. Um universo amigável deseja, para você, algo melhor que o melhor que tenha no momento. Um Deus amoroso quer que você seja mais feliz e mais próspero do que jamais foi! O Criador deste universo pródigo não deseja que você passe a vida como um mendigo, quando deveria ser um rei. Como você é um ser espiritual, feito à imagem e semelhança de Deus, tais bênçãos são seu direito natural. Por meio de atos consistentes de doação impessoal e altruísta, você harmoniza sua consciência com a abundância universal — qualificando-se para receber seus ricos presentes. Este é o segredo da prosperidade crescente.

Como um empresário dobrou seus rendimentos no período de um ano

Certo empresário trabalhava dura e longamente, mas não alcançava a prosperidade e o sucesso que acreditava merecer. Ao longo dos anos, ele frequentou vários cursos sobre o sucesso, que o encorajavam temporariamente, porém o sucesso definitivo sempre lhe escapava. Por isso, ao ouvir falar do poder enriquecedor da doação sistemática, em um seminário sobre prosperidade, decidiu tentar esse método.

Começou então a doar um décimo de seus rendimentos brutos, semanalmente, à igreja onde aprendera o método. Nas manhãs de sábado, ele somava seus rendimentos da semana e preenchia o cheque do dízimo *antes de qualquer outra coisa,* antes mesmo de cuidar das demais obrigações financeiras. No prazo de um ano, seus rendimentos dobraram. Ele afirmou que a única coisa de diferente que fizera durante aquele ano fora doar consistentemente à igreja — da qual se tornou membro — um décimo de seus rendimentos.

Seus progressos mais recentes: ele pagou a hipoteca de sua casa, comprou um prédio para abrigar sua empresa e tirou férias, pela primeira vez em muitos anos. Sua explicação foi simples: "Pagar o dízimo significa obter sucesso em todos os níveis da vida".

Como funciona o segredo da prosperidade crescente

A doação sistemática é praticada por indivíduos esclarecidos que pagam o dízimo pelo trabalho de Deus, geralmente nos lugares onde recebem ajuda e inspiração espiritual. Como foi dito anteriormente, a palavra dízimo significa "um décimo". Além dos hebreus dos templos bíblicos, indivíduos de todas as grandes civilizações e culturas também perceberam que dez é o número mágico do crescimento. Eles invocavam o poder da prosperidade pagando aos seus sacerdotes, sob forma de dízimo, pelo menos um décimo de tudo que recebiam.

Os antigos egípcios, babilônios, persas, árabes, gregos, romanos e chineses estavam entre os povos que praticavam esse método especial de doação. Na verdade, *nunca houve uma nação, por mais remota ou antiga que fosse, em que a prática do dízimo não tivesse um papel preponderante.*

Os hebreus do Antigo Testamento se tornaram um dos grupos mais ricos que o mundo jamais conheceu porque não doavam as últimas nem as piores coisas que tinham, mas as primeiras e as melhores — e isso os tornou ricos! Eles doavam sem reclamar e jamais repudiavam a prática do dízimo. Vezes sem conta, o pagamento do dízimo lhes trouxe paz e abundância. Dez ainda é o número mágico do crescimento para aqueles que doam um décimo de seus rendimentos e bens dessa forma especial.

Como os primeiros milionários americanos obtiveram sucesso

Muitos dos primeiros milionários americanos usaram esse método de prosperidade, que apontavam como a fórmula que os tornou ricos. A lista inclui as famílias Colgate, Heinz, Kraft e Rockefeller. O ilustre e controverso magnata John D. Rockefeller (1839-1937) transformou o pagamento sistemático do dízimo em um hábito durante toda a sua vida, prática que precedeu sua vasta acumulação de riquezas.

Como já foi muitas vezes relatado, ele pagou um dízimo de 95 dólares sobre seus rendimentos totais no ano de 1855. Em 1856, seu dízimo passou de 9,50 para 28,37 dólares. Já em

1857, para 72,22 dólares. No ano seguinte, para 107,35 dólares. E, em 1859, para 671,85 dólares. Cinco anos mais tarde, seu dízimo havia aumentado para 5.489,62 dólares por ano. Permaneceu neste patamar por uma década. Então, em 1878, subiu para 23.285,65 dólares. Em 1881, seu dízimo anual mais do que dobrou. Em 1884, dobrou novamente para 119.109,48. Em 1887, seu dízimo excedeu um quarto de milhão de dólares e, em 1890, ultrapassou a marca de um milhão de dólares!

John D. Rockefeller considerava que ganhar dinheiro e doá-lo era uma das maiores obrigações de uma pessoa. Ele dizia: "Um homem deve ganhar tudo o que puder e doar tudo o que puder". *Entre 1855 e 1937, ele doou 531 milhões de dólares.* Um dos maiores segredos de seu sucesso era reconhecer Deus como a fonte de seus recursos e priorizar Deus financeiramente. Quando as pessoas criticavam a riqueza dos Rockefeller, ele tinha uma resposta padrão: "Deus me deu meu dinheiro". Ele transmitiu seu segredo de sucesso para sua família. Entre 1917 e 1959, John D. Rockefeller Jr. (1874-1960) doou 474 milhões de dólares. A filantropia da família Rockefeller se tornou lendária.

Como o sucesso dos Rockefeller pode parecer um tanto distante, em comparação com a sua vida, deixe que eu lhe conte as experiências de pessoas comuns.

Como uma empresária pagou 15 mil dólares em dívidas

Ao analisar a ideia de doar um décimo de seus rendimentos, você poderá presumir que não tem condições de fazê-lo, pois o universo ainda não lhe proporcionou, de forma tangível, nenhum rico benefício. Mas fique certo de que o universo já lhe proporcionou ricos benefícios intangíveis, como capacidade mental e talento. Com eles, você poderá obter os resultados tangíveis, como a prosperidade, por exemplo. Quanto mais você partilha com o universo, mais abrirá sua mente para receber, e mais orientações receberá no sentido de desenvolver seus talentos e habilidades, enriquecendo sua vida.

Uma empresária que devia 15 mil dólares ouviu dizer que o pagamento do dízimo tornava possível quitar dívidas. E concluiu que era razoável acreditar que, quando sonegamos uma parcela do tesouro de Deus, estancamos o fluxo de riquezas para nosso próprio tesouro. Assim, apesar de suas dificuldades financeiras, começou a pagar o dízimo.

Dois anos depois, já havia quitado a dívida de 15 mil dólares e, pela primeira vez na vida, dispunha de sete mil dólares na conta bancária. Ela comemorou o fato tirando suas primeiras férias em muitos anos. Mais tarde, ela disse: "Minha sorte mudou quando priorizei Deus financeiramente. Os dizimistas fiéis sempre prosperam".

A descoberta financeira de um contador

Contadores são considerados indivíduos muito cautelosos. O trabalho deles é ajudar os clientes a conservar seus rendimentos, em vez de dissipá-los. Um perito contador de Los Angeles recentemente me disse: "Percebi que meus clientes dizimistas prosperam. A renda deles sobe sem parar, ano após ano. Quando um cliente meu está com dificuldades financeiras e para de prosperar, nunca é um dizimista".

Por que a renda de um casal foi menor

Um músico da Orquestra Filarmônica de Los Angeles acreditava firmemente no pagamento do dízimo, mas quem controlava as finanças era sua esposa. Ele pedira a ela que reservasse para o pagamento do dízimo, em base regular, um décimo dos rendimentos brutos de ambos. Certo dia, ao preparar as respectivas declarações de renda, o contador deles fez uma descoberta que espantou o músico. A renda do casal fora três mil dólares menor que no ano anterior. Como ele e a esposa haviam trabalhado ininterruptamente durante o ano, o músico não conseguia entender o motivo daquela diferença.

Conversando sobre o assunto com a esposa, ele finalmente perguntou:

— Você reservou um décimo dos nossos rendimentos para o dízimo neste ano?

— Não, não fiz isso — admitiu ela, hesitante. — Quando as crianças fizeram aquele tratamento dentário, pensei que não teríamos condições de pagar tudo desta vez.

— Quanto você deixou de pagar? — perguntou o marido.

— Trezentos dólares — foi a resposta.

— Isso explica por que nossa renda foi exatamente três mil dólares menor este ano — observou o marido.

Sua esposa jurou que nunca mais deixaria de dizimar.

Pensamento positivo não é o suficiente

Duas secretárias me ensinaram uma lição valiosa. Uma delas estudava o poder do pensamento positivo. Você diria que esta era a mais bem-sucedida das duas, não diria? Mas não era. Ela acreditava que o poder da mente era o bastante para ajudá-la a superar todos os problemas na vida e a alcançar o sucesso, portanto não era dizimista. Não julgava necessário. Entretanto, não obtinha os mesmos aumentos e promoções que sua colega, a outra secretária. E queria saber o motivo.

A outra secretária frequentava uma igreja tradicional que pregava o "fogo do inferno para os pecadores". Nem é preciso dizer que ela pensava de forma muito negativa, mas era dizimista, porque a igreja a ensinara assim.

Como ela priorizava Deus, financeiramente, parecia pairar em um reino espiritual, acima das leis de causa e efeito. Nem mesmo seus pensamentos negativos a mantinham afastada da prosperidade. Ela e o marido estavam, como se diz, "bem de vida". O patrimônio de ambos incluía uma casa espaçosa, alguns automóveis, seguros pagos, imóveis e uma boa poupança.

Descobrir que o pensamento positivo não era o bastante foi um choque para a primeira secretária, mas logo depois de "ficar esperta" e começar a dizimar, ofereceram-lhe um emprego melhor, o que a levou para um ambiente mais próspero e harmonioso. Ela provou que, *para quem partilha um décimo, a vida fica dez vezes mais fácil.*

A fascinação das pessoas com o poder enriquecedor do dízimo

Eu recebo mais correspondências tratando dos benefícios proporcionados pelo dízimo do que sobre qualquer outro princípio de prosperidade. Descobrir como as pessoas estão ansiosas para conhecer o poder enriquecedor do dízimo é uma alegria para mim.

Infelizmente, o método eventual de contribuição — a doação aleatória — tem sido muito enfatizado, enquanto o método bíblico de pagar o dízimo de forma sistemática não tem sido adequadamente ensinado. Não há nada de errado com o método fortuito de contribuição — até certo ponto. Mas não ajuda muito quando a pessoa deseja desenvolver uma prosperidade estável. Doações intermitentes trazem benefícios intermitentes. Contribuições fortuitas também eram oferecidas nos templos bíblicos, mas em acréscimo ao dízimo regular. "O dízimo do gado graúdo e miúdo, cada décimo animal contado pelo cajado do pastor, será consagrado ao Senhor" (Levítico 27: 32).

Como lembrei em meu livro *Os milionários do Gênese*, Jacó se tornou milionário após fazer com Deus uma aliança para o sucesso, na qual garantia: "Esta pedra que ergui como coluna sagrada será transformada em casa de Deus, e eu te darei o dízimo de tudo o que me deres" (Gênese 28: 22).

Dar o dízimo sobre o bruto ou o líquido?

Na Bíblia, num sentido literal, *dízimo* significa "um décimo de tudo" (Gêneses 14: 20). Mas, se você ainda não está preparado para contribuir sobre o valor bruto de sua renda, poderá dizimar sobre o valor líquido. O importante é que invoque o número dez, o número mágico do crescimento. Dizimar é um ato de fé que age sobre a rica substância do universo — de modo a lhe proporcionar uma enorme prosperidade e a expandir seu mundo interior e exterior de uma forma que você jamais sonhou ser possível.

O dízimo libera um poder místico que manifesta a prosperidade. Não tente racionalizar o poder do dízimo. Não há nada de racional em um milagre, e não há nada de racional no milagroso poder do dízimo. Dizimar é um ato de fé que traz prosperidade. Ao priorizar sistematicamente o dízimo — antes de pagar contas e outras obrigações financeiras —, você descobrirá que os 90% restantes de seus rendimentos lhe serão muito mais proveitosos. E receberá ajuda dos modos mais imprevistos. Depois de adquirir o hábito de dizimar, você jamais sentirá falta dessa quantia. O próprio processo lhe dará uma sensação de segurança, proteção e orientação que nada poderá igualar.

> Dizimar é um ato de fé que traz prosperidade.

Como um empresário fez sua igreja prosperar

Estava difícil arranjar dinheiro para manter em funcionamento uma igrejinha na região montanhosa do Texas. Um dos mais prósperos cidadãos da comunidade aceitou trabalhar como tesoureiro da igreja, sob a condição de que controlaria as finanças a seu modo durante um ano, sem ter de explicar seus métodos a ninguém.

Naquele ano, a igrejinha prosperou como nunca. Todas as contas foram pagas. No final do período, havia dinheiro sobrando no caixa. Quando pediram que o tesoureiro explicasse aquele milagre financeiro, ele disse: "Foi simples. Eu sou comerciante e quase todos os membros da igreja são meus clientes. Todas as vezes em que um membro da igreja comprou alguma coisa comigo, neste ano, cobrei dez por cento a mais. Era o dízimo dele, que eu repassei à igreja. Esta congregação prosperou com o dízimo de seus membros, que nem sabiam que estavam pagando. *Mas eles não sentiram falta*".

Saber a quem doar é importante para o sucesso

Saber a *quem* doar é importante para o sucesso. É importante que suas contribuições sejam entregues ao responsável pela ajuda e inspiração espiritual que você recebe — seja uma igreja, um pastor, um ministro da ciência cristã ou um conselheiro espiritual. Seu dízimo enriquecerá o receptor, libertando a organização ou o indivíduo de inquietações financeiras. Isso lhes permite cumprir a nobre missão de elevar espiritualmente a humanidade, sem o estorvo de preocupações materiais, que podem ser extremamente opressivas.

Talvez seja por isso que Deus tenha dito a Moisés que a tribo sacerdotal de Israel não deveria receber nenhuma fração da Terra Prometida (Josué 13: 33; Números 18: 21-24; Deuteronômio 14: 27). Os sacerdotes de Israel se tornaram milionários com os dízimos concedidos a eles pelas outras onze tribos, conforme determinação da lei mosaica. Em contrapartida, eles partilhavam "um dízimo dos dízimos" — conhecido como "tributo" — com o lugar de culto (Números 18: 26-29). Desse modo, tanto os sacerdotes quanto os lugares de culto eram mantidos com prodigalidade.

A libertação das inquietudes do mundo ajudou os líderes espirituais de Israel a gerar e desenvolver uma noção de prosperidade que abençoaria seus seguidores por muitos séculos. Essa consciência, desenvolvida durante a história dos hebreus, ainda persiste nos dias de hoje. Alguém já disse: "Um judeu realiza mais coisas acidentalmente do que um gentio intencionalmente". Tudo isso começou há séculos, com o hábito enriquecedor de pagar o dízimo.

O que dizer das doações para obras de caridade?

Fazer doações para obras de caridade é a mesma coisa que pagar dízimo? Não, em um sentido literal. Para os indivíduos esclarecidos, que evoluem espiritualmente, a maior forma de filantropia é fazer doações para causas e pessoas espiritualmente esclarecidas. Os hebreus do Velho Testamento enriqueceram quando pagaram dízimos, pela primeira vez, a seus sacerdotes e locais de culto (Levítico 27: 20-33; Números 18: 21-24; Deuteronômio 14: 22-27). Na segunda vez, o dízimo foi destinado a um festival (Deuteronômio 12: 6-7). E, na terceira vez, a donativos (Deuteronômio 14: 28-29). Eles também partilharam "os primeiros frutos" de suas colheitas e fizeram diversos outros donativos. O pagamento de dízimo era também uma exigência durante a época de Jesus e dos primeiros cristãos.

Se você pretende doar mais que um décimo, sinta-se à vontade para partilhar a segunda ou terceira parte de sua renda com obras de caridade ou outras causas humanitárias. Mas, geralmente, o primeiro décimo é destinado ao trabalho espiritual, ou para as pessoas cuja filosofia é elevar e ajudar a humanidade — desde que você concorde com essa filosofia.

É claro que, para indivíduos que não têm inclinações ou interesses espirituais, doar para obras de caridade, causas humanitárias, instituições culturais ou organizações humanitárias é um gesto elogiável — e um grande passo em direção à noção de prosperidade, além de ser benéfico para o desenvolvimento da alma. O destinatário dessas doações também recebe assistência e benefícios. Entretanto, de acordo com as antigas leis do dízimo, essa é uma forma secundária de doação, não a mais elevada.

Ore antes para saber a quem doar

É importante orar para saber a quem doar. Peça a Deus para que lhe revele a quem deve oferecer seu dízimo, e você será orientado. Assim, todos os envolvidos com sua doação, tanto você quanto o receptor, serão enriquecidos, engrandecidos e abençoados. E, à medida que você evoluir, crescer e mudar para melhor, o mesmo deverá acontecer com seu dízimo — abrindo as portas para que você receba benefícios cada vez maiores.

Dízimos irregulares produzem resultados irregulares

Um dos pecados de muitos dizimistas é dispersarem seu dízimo, doando a muitas causas. Dízimo disperso tende a produzir resultados dispersos e ineficazes, tanto para o doador quanto para o receptor. Dízimo generoso e concentrado pode ser o "maná dos céus" para algumas causas meritórias, considerando que muitas atravessam privações financeiras. Doações divididas entre muitas causas não fazem muito por nenhuma. Não tenha receio de pagar dízimo elevado para uma ou duas causas merecedoras, se estiver almejando grandes benefícios. Nem tenha receio de doar "demais". Não há perigo nisso.

O poder enriquecedor do sigilo e da libertação

Certo empresário disse uma vez, quase enraivecido: "Por que não prosperei? Destinei quase 50% dos meus rendimentos para pagar o dízimo, no ano passado. Agora estou quebrado, e nenhuma das igrejas que recebeu meu dízimo está disposta a me ajudar".

Sem querer, esse homem provavelmente violou duas das leis da prosperidade: o sigilo e a libertação.

As palavras sagrado e secreto têm o mesmo significado na raiz. O que doamos é sagrado e, portanto, tem de ser mantido em segredo. É uma atitude sábia doar discreta e incondicionalmente, quaisquer que sejam as quantias envolvidas — e não mais se referir a elas. No caso de um dízimo elevado, é necessário, muitas vezes, libertarmo-nos dele emocionalmente, e nos libertarmos de novo, até nos sentirmos livres. Não deve existir nenhum sentimento de posse em relação ao dízimo oferecido, independentemente de seu valor, pois tudo o que recebemos vem de Deus e não fica conosco de modo permanente. Quando pagamos o dízimo, estamos apenas devolvendo *para* Deus uma parcela do que nos foi dado *por* Deus.

As palavras sagrado e secreto têm o mesmo significado na raiz. O que doamos é sagrado e, portanto, tem de ser mantido em segredo.

Além disso, geralmente é melhor doar sistemática e livremente um décimo de nossa renda do que doar quantias maiores sem nos liberarmos delas. O dízimo não constitui um esquema do tipo "fique rico rapidamente", em que os benefícios possam ser obtidos à força. O dízimo é um processo de crescimento em que as pessoas evoluem para uma doação maior (e maiores benefícios).

Se alguém se ressente com a doação, recomenda-se que pratique a libertação. Doar e depois fazer exigências do receptor é suborno, não dízimo. O dizimista consciencioso não doa para "se exibir", nem para obter publicidade. O receptor dos dízimos também deve se manter discreto. Caso contrário, os benefícios podem ser dissipados em palavras. Como os povos antigos já tinham percebido, há um poder enriquecedor no sigilo e na libertação.

Promessa final para adquirir benefícios maiores

A palavra *prosperar,* em sua raiz, significa "totalidade". Isso foi o que o profeta Malaquias disse no último livro do Velho Testamento para aqueles que dizimam. Ele salientou que o pagamento de dízimo pode ser o *melhor investimento* que se pode fazer ao longo dos anos para uma vida bem-sucedida e também o mais gratificante para a *alma*. Embora existam muitas promessas para o dizimista na Bíblia, talvez as que melhor descrevam seus enormes benefícios estão relacionadas em Malaquias 3: 7-12.

Primeiro. Ele descreve a causa dos problemas dos não dizimistas:

"Desde o tempo de vossos pais desobedecestes às minhas determinações e nada guardastes. Voltai para mim e eu voltarei para vós — diz o Senhor dos exércitos. Mas vós perguntais: Voltar como? Pode um ser humano enganar Deus? Pois vós me enganastes! E perguntais: Como foi que te enganamos? No dízimo e nas ofertas. Vós estais mesmo amaldiçoados, pois é a mim que estais enganando, e à nação inteira."

Segundo. Ele descreve as pródigas bênçãos recebidas pelos dizimistas:

"Trazei todos os dízimos à casa do tesouro, para que haja mantimento na minha casa, e depois fazei prova de mim nisto, diz o Senhor dos Exércitos, se eu não vos abrir as janelas do céu, e não derramar sobre vós uma bênção tal, que dela vos advenha a maior abundância."

Terceiro. Ele promete proteção divina para os dizimistas:

"...e por causa de vós repreenderei o devorador, e ele não destruirá os frutos da vossa terra; e a vossa vida no campo não será estéril, diz o Senhor dos Exércitos."

Quarto. Ele promete felicidade pessoal e prestígio universal para os dizimistas:

"E todas as nações vos chamarão bem-aventurados; porque vós sereis uma terra deleitosa, diz o Senhor dos Exércitos."

8.

O dom
da concordância

Agora que já aprendeu a abrir sua mente para receber, você conseguirá de fato fazer isso? Eis um modo de começar:

Nos tempos antigos, era ensinado um método secreto que ainda hoje é um segredo para muita gente. Baseava-se em um poderoso princípio para o sucesso: o poder da concordância ou do acordo. Este ensinamento afirma que viemos a esta vida prontos para enfrentar todas as exigências do mundo, mas precisamos cooperar com as pessoas e situações. Quando cooperamos com a vida, a vida coopera conosco.

Mas como cooperar com a vida — principalmente quando encontramos pessoas ou situações difíceis?

Esse antigo ensinamento nos dá a resposta:

Quando concordamos com a vida, a vida concorda conosco. Sempre há margem para a harmonia. Aceite e fique tranquilo.

A descoberta da autora

Eu nunca havia realmente notado o poder da harmonia até me casar com meu finado marido, o doutor Ponder. Nós concordávamos em quase tudo — e, com certeza, em todos os assuntos importantes. O resultado foi que, juntos, fomos capazes de vivenciar o que nos pareceu milagres durante nosso curto casamento, antes que ele falecesse prematuramente. Tudo era muito mais fácil quando concordávamos um com o outro e trabalhávamos em conjunto para realizar as coisas com as quais havíamos concordado.

Anos mais tarde, em outro casamento, tive a mesma experiência. Meu marido chegou a se aposentar para me ajudar em meu trabalho. Conversávamos sobre tudo e estabelecíamos objetivos comuns. Depois, cada um ia para seu lado, cuidar das respectivas tarefas. Durante muito tempo, também alcançamos resultados que nos pareceram milagrosos — sem excessivos esforços ou tensões. Tudo através da harmonia.

O poder da discórdia

A maioria das pessoas conhece o poder da *discórdia*. Os indivíduos habitualmente desagradáveis, que passam a vida brigando, são mais sujeitos a doenças, atribulações emocionais ou dificuldades financeiras — muitas vezes provocadas por suas atitudes beligerantes.

"O que você consegue pela força terá de manter pela força", diz um velho provérbio.

O que fazer? Se você concordar com o que for possível e não der muita ênfase aos pontos em que não for possível, permanecerá em harmonia com o universo e com as outras pessoas. Sempre há margem para a harmonia, portanto concorde e siga seu caminho em paz.

Uma experiência recente da autora

Enquanto escrevia este capítulo, tive a oportunidade de provar sua teoria: por uma série de circunstâncias, eu me vi forçada a cooperar, no plano externo, com indivíduos e eventos que desaprovava no plano interno. Havia percebido que a falta de cooperação acarretaria divisões, atritos e resistências que poderiam provocar problemas desnecessários. A solução foi concordar com o que pudesse e seguir meu caminho em paz.

Sempre há margem para a harmonia, portanto concorde e siga seu caminho em paz.

As partes envolvidas sentiram-se bastante aliviadas com minha decisão de não resistir, e sim cooperar. O feliz resultado foi que, gradualmente, começaram também a cooperar comigo. Desse modo, não ocorreram problemas desnecessários. Como assumi uma postura de harmonia e concordância e permaneci tranquila, todos cooperaram, os atritos foram evitados, os problemas, resolvidos e a paz, restabelecida. Foi uma experiência que veio reforçar esta verdade: quando cooperamos com a vida, a vida coopera conosco.

Da infelicidade às metas alcançadas

Em certa época, tive uma amiga de meia-idade, viúva, extremamente atraente. Era muito bem-sucedida nos negócios e tinha muitos admiradores. Seus filhos, do casamento anterior, já estavam crescidos. Ela considerava que deveria estar na plenitude da vida.

Mas sentia-se sempre infeliz. Em vez de apreciar as bênçãos que tinha, ruminava o desejo de se casar novamente. Eu sugeri que ela ficasse tranquila e praticasse o princípio de concordar com as circunstâncias. Especificamente, sugeri que concordasse com as coisas boas que já obtivera e não as dissipasse em palavras; que aceitasse as bênçãos que usufruía, em vez de se exasperar com o que não possuía; que entrasse em harmonia com o universo, para que benefícios maiores chegassem até ela no devido tempo.

Ela acabou encontrando um homem que parecia ser maravilhoso. Ficaram noivos. Deslumbrada, ela começou a planejar o casamento. Mas, subitamente, o "príncipe encantado" mudou de ideia e deixou a cidade. Ela ficou tão desnorteada que adoeceu. Fui visitá-la no hospital, onde, bastante perturbada mentalmente, ela recusou qualquer consolo.

Lembrei-lhe que não temos controle sobre as ações das outras pessoas e sugeri que ela declarasse novamente estar de acordo com suas circunstâncias, passadas e presentes, e tivesse confiança de que tudo daria certo.

Depois de algum tempo, ela retomou a vida normal. Sugeri que ela afirmasse mentalmente que a próxima etapa do plano divino para sua existência estava se aproximando, e ela seguiu meu conselho. Certo dia, alguns amigos solidários a convidaram para visitar sua cidade natal, onde a levaram a um clube campestre. Chegando lá, ela encontrou um empresário que imediatamente se apaixonou por ela. Eles logo se casaram e passaram alguns anos juntos. Até que ele morreu, deixando uma grande herança para ela.

Ela entrou em contato comigo novamente e disse: "Por mais que eu gostasse de meu falecido marido, não quero passar a última parte de minha vida sozinha, mesmo sendo rica".

Eu lembrei-lhe do princípio da harmonia e sugeri que ela mentalmente estabelecesse uma meta — e a mantivesse em segredo.

Ela não demorou a encontrar seu futuro marido. Na última vez em que ouvi falar deles, ambos estavam vivenciando as bênçãos do casamento.

No entanto, nada teria dado certo se essa senhora não tivesse aprendido o poder da harmonia. Depois que aprendeu, tudo se passou da melhor forma possível: ela evoluiu para uma prosperidade maior — e continuou a evoluir.

Uma lição aprendida

A maioria das pessoas conhece o conselho bíblico: "Procura reconciliar-te com teu adversário" (Mateus 5: 25). Certo marido pôs em prática esse conselho quando, no final do primeiro ano de casamento, sua esposa decidiu que era hora de falar sobre os defeitos dele. Ela disse:

— Agora que já estamos casados há um ano podemos ser *honestos* um com o outro. Portanto, vou relacionar todos os seus defeitos, querido. Depois, você pode relacionar os meus.

Ela recitou então uma longa lista de defeitos. Quando terminou, disse:

— Agora é sua vez. Diga-me o que está errado comigo.

Seu sábio marido disse então:

— Querida, você é perfeita em todos os sentidos. Eu não mudaria nada em você.

Fez-se um longo silêncio — depois disso a esposa jurou em pensamento que jamais voltaria a apontar os defeitos do marido. Só se concentraria em suas qualidades. Essa decisão contribuiu enormemente para o casamento deles, feliz e duradouro.

O poder da harmonia na Bíblia

A Bíblia é clara em seus ensinamentos sobre o poder da harmonia. No Velho Testamento, Amós pergunta: "Duas pessoas andam juntas, sem terem antes combinado?" (Amós 3: 3). O Novo Testamento, além do conhecido conselho de Jesus — "Procura reconciliar-te com teu adversário" (Mateus 5: 25) —, relata que o apóstolo Paulo sempre enfatizava esse ponto. "Todos os que abraçavam a fé viviam unidos e possuíam tudo em comum" (Atos 2: 44). Mais tarde, em sua epístola aos romanos, Paulo escreve sobre o poder de ter "como que um só coração" (Romanos 15: 6). Paulo e Timóteo escreveram em sua epístola aos filipenses, sobre o poder de ser guiado "pelos mesmos propósitos e pelo mesmo amor, em harmonia buscando a unidade" (Filipenses 2: 2). Alguns historiadores acreditam que o crescimento da doutrina cristã no mundo antigo se deve, em parte, ao fato de que os primeiros cristãos aprendiam e punham em prática o poder da concordância.

Não existe situação sem saída

Outra versão do poder da harmonia pode ser encontrada em uma atual fórmula de sucesso: "Quando dois concordam na terra, o acordo é cumprido no céu" — o que está em sintonia com a sempre citada promessa de Jesus: "Se dois de vós estiverem de acordo, na terra, sobre qualquer coisa que quiserem pedir, meu Pai que está nos céus o concederá" (Mateus 18:19).

Isso se aplica até às situações aparentemente sem saída. Uma rica viúva, que estava rezando para encontrar um homem com quem pudesse se casar, pediu que eu me juntasse a ela nas orações. Achei que sua fé era maior que a minha, naquele assunto, mas concordei em rezar com ela.

Essa senhora fora abençoada com uma linda casa, uma confortável renda vitalícia e filhas bem casadas, mas dava pouca atenção à sua aparência pessoal, era quase como se quisesse parecer desleixada. Seu temperamento não era dos mais agradáveis, pois ela pensava que sua fortuna fazia com que as pessoas não reparassem em mais nada.

Pouco depois de termos rezado juntas, um dos homens mais ricos de nossa cidade foi visitado pelo irmão, igualmente rico, cuja esposa falecera há pouco tempo. O irmão local imaginou que, como seu irmão visitante e a viúva estavam sozinhos, e tinham uma situação financeira semelhante, eles deveriam se conhecer. O irmão visitante sentiu-se logo atraído por aquela senhora e lhe pediu que se casasse com ele.

Ela me procurou novamente — em pânico: "O que eu devo fazer? Não quero sair da minha casa confortável, nem me afastar das minhas filhas adoradas, que vivem perto de mim, para ir morar longe, no meio de pessoas estranhas".

Ela acabou recusando a oferta do pretendente. O poder da concordância entre nós funcionara para ela, mas isso não adiantou nada, pois ela realmente não queria que o desejo pelo qual estava rezando fosse concretizado.

Da pobreza à riqueza

No que diz respeito à prosperidade, o poder da concordância não é afetado por contas bancárias e patrimônios financeiros. Funciona tão bem com pessoas comuns quanto com pessoas ricas.

Minha mãe costumava levar meus irmãos e eu para visitar um casal de tios dela. Meus tios eram muito ricos. Viviam em uma velha mansão guarnecida de colunas, no estilo sulista. Nós sempre ansiávamos por aquelas visitas, que considerávamos um prazer.

Mamãe se orgulhava muito de seus tios terem se casado sem o consentimento dos pais (ambas as famílias consideravam que a outra era demasiadamente pobre), mas o amor suplantou as condições econômicas.

No que diz respeito à prosperidade, o poder da concordância não é afetado por contas bancárias e patrimônios financeiros. Funciona tão bem com pessoas comuns quanto com pessoas ricas.

Tão logo se casaram, os jovens adquiriram o hábito de passar pelo menos uma hora, todas as manhãs, conversando sobre negócios. Naquela época, acreditava-se que as mulheres não deveriam se intrometer em negócios, nem mesmo ter opiniões a respeito do assunto. Mas a tia de minha mãe tinha opiniões a respeito e seu marido escutava o que ela dizia. Eles estavam no ramo algodoeiro, e ela conversava com o marido sobre o mercado futuro do algodão, tido no Sul como um investimento lucrativo, porém arriscado. Ambos discutiam investimentos anteriores e chegavam a um acordo sobre qual seria a melhor forma de obter sucesso.

Eles continuaram a travar aquelas conversas matinais ao longo dos anos, sempre pensando nos diversos aspectos do negócio, que não parava de crescer.

No devido tempo, esse hábito lhes assegurou uma renda confortável. Mais tarde, eles se tornaram o casal mais rico da cidade. Foi quando minha mãe, orgulhosamente, começou a nos levar para visitá-los.

Esse foi meu primeiro contato com uma atmosfera de riqueza. Era bom ter um caso assim na família. O mais importante para mim, no entanto, foi saber *como* eles tinham feito fortuna — pois o método que utilizaram com tanto sucesso foi a *concordância*.

Como os imigrantes alcançaram o sucesso

Eis uma abordagem ligeiramente diferente que funcionou para um casal de imigrantes: ambos tinham nascido na Europa, mas logo ficaram noivos e decidiram trabalhar e constituir família nos Estados Unidos. Combinaram então que o noivo viajaria primeiro e arranjaria emprego; a noiva iria em seguida. Depois, eles se casariam e dariam seguimento aos seus projetos. A noiva esperou bastante, antes que o noivo concluísse que ela já poderia se juntar a ele — mas a hora finalmente chegou.

Depois de se casarem, eles decidiram que, todas as manhãs, passariam uma hora estudando literatura motivacional, lendo a Bíblia, planejando o dia e agindo conforme o planejado. Esse sistema funcionou tão bem que eles logo abriram seu próprio negócio, que cresceu e prosperou. Quando os encontrei, mais tarde, eles já tinham a própria fábrica, uma casa na parte mais rica da cidade e uma vida bastante agradável.

Veja o lado bom

Outro aspecto do poder da concordância é ver o lado bom de uma situação adversa, mesmo que esta já faça parte do passado. Quando você deixar de se sentir perturbado com o assunto — no presente ou em suas lembranças —, ele poderá finalmente sair de sua vida, muitas vezes de forma rápida. Quando você concorda com uma situação declarando que ela é boa — seja ou não —, você está concordando com os benefícios *invisíveis* da situação e está abrindo caminho para que eles se manifestem.

Certo homem divorciado passara por muitos casamentos infelizes. Um terapeuta o aconselhou a recuar suas lembranças até o primeiro casamento, no sentido de encontrar um ponto de concordância com a esposa daquela época. Depois, ele deveria se libertar daquele casamento, perdoar à esposa e declarar mentalmente que aquela união fora um sucesso.

Quando o homem pensou conscientemente naquele casamento, percebeu como ainda estava ressentido com a primeira esposa. Percebeu também que, inconscientemente, transferira aquele ressentimento para as esposas posteriores. Portanto, nenhum de seus casamentos deu certo.

Para aquele primeiro relacionamento (e para os subsequentes) ele declarou:

Eu perdoo você. Eu liberto você. Nosso casamento foi bom. Nosso relacionamento foi um sucesso porque ambos aprendemos com ele.

Mais tarde, quando voltou a se casar, a união foi feliz, pois ele mentalmente declarou, desde o início, que ela era um sucesso. E passou a se concentrar nos pontos de concordância.

Nenhuma experiência é um fracasso

Nós nunca deveríamos dizer coisas como *meu casamento fracassou, fracassei nos negócios ou minha saúde está mal.* Nós nunca fracassamos em experiência nenhuma. Por quê? Porque aprendemos com ela.

Ao concentrar nossa atenção em nossos problemas

pessoais, e não deixarmos de olhá-los como "problemas", ficamos amarrados a eles. Mas, quando olhamos para dentro de nós mesmos — em busca de concordância, respostas e soluções —, as forças dos céus acorrem para nos ajudar.

Certo empresário desenvolveu um método bem-sucedido para utilizar o poder da concordância. Ele explicou:

Eu chamo todos os acontecimentos de minha vida pelo mesmo nome: sucesso! Quando falho em algum deles, digo que foi um sucesso, e o evento acaba se revelando um sucesso, de alguma forma. Eu concordo com o que há de bom em cada experiência, e o que há de bom concorda comigo.

> Quando já não puder ser afetado por uma situação negativa, ela perderá seu poder sobre você e desaparecerá de sua existência.

Uma viúva usou o poder da concordância de modo diferente. Pouco depois de perder o marido, uma antiga amiga foi bastante rude com ela. Tal rudeza, num momento como aquele, foi particularmente cruel.

Entretanto, a viúva tomou uma resolução e disse a si mesma: "Só vou me lembrar que essa mulher foi muito boa comigo no passado. Posso me lembrar de muitas coisas boas a respeito dela, portanto não importa o que ela diga ou faça agora". Como a viúva manteve a atitude positiva, a antiga amiga — que nada sabia a respeito da resolução — respondeu encontrando um bom emprego para ela.

A lição? Quando modificamos nossos pensamentos sobre as pessoas, usando o princípio da concordância, as pessoas frequentemente modificam sua atitude em relação a nós.

Concorde sempre com o que há de bom

E o que dizer dos problemas cotidianos que surgem no trabalho ou em casa? Quando ocorre uma situação desse tipo, aparentemente negativa, o poder da concordância nos permite superá-la. Por exemplo, você poderá responder a um problema dizendo: "Não aceito isso", o que na verdade significa: "Eu me recuso a ficar angustiado com isso". Se você não reforçar o problema com pensamentos ou emoções, ele não poderá afetá-lo, nem durará muito. Uma condição negativa só poderá magoá-lo por muito tempo se você continuar a se sentir mal por causa dela. Se não permitir que isso aconteça, ela não poderá lhe fazer mal.

Isso não significa que não se deva fazer o possível para corrigir as coisas. Você pode começar pensando corretamente sobre elas. Depois pare de falar sobre elas ou de prestar atenção nelas (muita gente desfaz coisas boas com tagarelice inútil). Libere-se delas. Quando já não puder ser afetado por uma situação negativa, ela perderá seu poder sobre você e desaparecerá de sua existência. Você pode removê-la de sua vida concordando com ela.

Como uma década de concordância funcionou

Dois jovens muito apaixonados estavam planejando se casar, mas descobriram que a futura esposa tinha um problema de saúde aparentemente incurável. No entanto, acreditavam no poder das orações como parte do processo de cura. O noivo sugeriu à noiva que adiassem o casamento, enquanto trabalhavam pelo completo restabelecimento dela. Ambos concordaram que valeria a pena.

Durante dez anos — toda uma década — os dois apaixonados permaneceram fiéis ao acordo de esperar a recuperação da noiva, para então desfrutar de um casamento feliz. Eles acreditavam no conhecido adágio:

Quando dois concordam na terra, o acordo é cumprido no céu.

Durante aqueles dez anos, além do tratamento médico prescrito, eles estudaram a Bíblia, estudaram e praticaram o pensamento motivacional, dizendo sempre as palavras: "recuperação e saúde". O resultado foi que a futura noiva se recuperou gradativamente.

Após um belo e feliz casamento, que desfrutaram durante muitos anos, graças a Deus, provaram, contra todas as expectativas, o sucesso do "acordo cumprido no céu".

A concordância de um grupo pode eliminar atritos

Um pastor, certa vez, viu-se diante de uma minoria de críticos em sua igreja. Seu grupo privado de orações concordou em rezar junto com ele, e todos fizeram um pedido: "Que tudo e todos que não concordarem com os projetos divinos para esta paróquia sejam liberados para encontrar seu bem-estar em outro lugar". Nenhuma defesa do pastor foi apresentada aos críticos, que continuaram a ser tratados com a mesma consideração dedicada aos demais frequentadores.

Os críticos, entretanto, foram gradativamente desaparecendo da congregação. Certo domingo, um dos porteiros da igreja perguntou:

— Onde está todo mundo? O que aconteceu? Algumas pessoas que costumavam frequentar a igreja não estão mais comparecendo.

Um membro do grupo de orações respondeu:

— É simples. Nós oramos e eles se afastaram.

O porteiro disse:

— Já ouvi falar que orar faz as pessoas comparecerem à igreja. Para que se afastem, é a primeira vez.

O membro do grupo de orações explicou que os que haviam deixado a igreja discordavam do pastor e da orientação da comunidade. Embora estivessem em minoria, suas críticas haviam provocado divergências e atritos desnecessários. Depois de serem liberados pelos fiéis que permaneceram na congregação, surgiu um vácuo que foi preenchido por novos frequentadores, que concordavam com a orientação vigente. O porteiro já ouvira falar da teoria do vácuo, mas jamais pensara que pudesse funcionar dessa forma.

Num espaço de seis semanas, os críticos desapareceram, e proeminentes membros da comunidade começaram a frequentar a igreja, declarando entusiasmados: "Onde vocês estavam? Eu andava procurando uma igreja com esta filosofia".

E logo se tornaram participantes ativos, trabalhadores voluntários e dizimistas — trazendo também outros novos membros para a congregação.

O resultado foi que o número de frequentadores logo dobrou, assim como a renda da igreja — agora sempre lotada de pessoas felizes, ansiosas para aprender mais sobre a filosofia da congregação.

O poder da concordância realizara um trabalho perfeito.

Como as coisas funcionam para quem está só

Você pode estar pensando: "Mas eu estou sozinho agora. Não tenho ninguém comigo para utilizar o poder da concordância. Como poderei obter resultados?" Não se preocupe com isso, pois o poder da concordância é tão grande que você pode, simplesmente, fazer uma declaração para si mesmo.

Certa vez, uma empresária viu-se diante de um homem que só falava em carências, pobreza e limitações. Isso a fazia se sentir empobrecida, o que prejudicou sua situação financeira.

Ela sabia que, para recuperar a prosperidade, deveria sentir-se próspera. Entretanto, não parava de culpar aquele homem pela queda nos negócios. Lembrou-se então do poder da concordância e inverteu seus pensamentos. Relevando a personalidade negativa dele, e concordando com o bem-estar que tinha certeza de que estava a caminho, ela passou a dizer a si mesma: "Este homem está na minha vida para o meu bem e para a minha prosperidade".

Logo, por meio daquele mesmo homem, ela conheceu uma mulher para quem prestou um serviço que lhe rendeu milhares de dólares. Além disso, o homem em questão se mudou para uma cidade distante e desapareceu de sua vida. Mas tudo isso só aconteceu depois que ela discretamente — e sozinha — concordou com o que havia de bom na situação. Nunca mais ela subestimou a própria capacidade para concordar e obter resultados favoráveis.

O poder de cura

O poder da concordância também pode ser usado por apenas uma pessoa para obter uma cura. Havia uma mulher que se esforçava diligentemente para curar seu marido mediante orações afirmativas. Mas todas as vezes que as declarava, o marido piorava. Finalmente, uma amiga lhe disse: "Sem perceber, você pode estar tentando *forçar* seu marido a ficar bom, fazendo com que ele aceite mentalmente o que você acredita que é melhor para ele. E ele, subconscientemente, está reagindo. A alma das pessoas quer sempre ter liberdade para escolher. Liberte seu marido, deixe que ele faça o que tiver vontade. Diga a ele mentalmente que ele pode ficar doente à vontade e por quanto tempo desejar. Diga que o libertou para fazer o que ele quiser. Diga a ele que a alma dele está livre".

A mulher seguiu o conselho. Mais tarde, ela disse: "Nunca vi uma pessoa se recuperar tão rápido".

A meditação da concordância

Vim para esta vida pronto para enfrentar todas as exigências do mundo, mas devo estar disposto a cooperar com a vida, a fim de que a vida coopere comigo. Declaro que todas as situações em minha vida são um sucesso. Nunca fracassei em nenhuma situação, pois aprendi com ela. Sempre há espaço para a harmonia. Reconheço a presença dela concordando com o que existe de bom. E sigo em paz o meu caminho.

O sol dourado
Significado

Meus leitores às vezes me perguntam o significado do sol dourado nas capas de meus livros. Um deles comentou: "Quando vejo esse símbolo dourado em uma livraria, sei que é um livro de Catherine Ponder e sempre dou uma olhada nele". Uma leitora disse que esse é o método que usa para *encontrar* meus livros — procurando o sol dourado.

O símbolo não foi ideia minha. Foi de um de meus editores, o falecido Arthur Peattie, da DeVorss&Co., que sugeriu que o usássemos em todos os meus livros — por sua beleza e como um sinal de distinção. Sua sugestão provou ter apelo popular.

Eis o significado do símbolo, que combina perfeitamente com a plenitude sobre a qual escrevo em todos os meus livros:

Nos tempos antigos, as pessoas ilustres costumavam colocar "selos" em seus bens, como indicação de seu sucesso e destaque. O sol dourado nos livros de Catherine Ponder é um desses selos, cujo sentido é esclarecimento e abundância. Suas quinze pontas simbolizam a fragmentação das situações difíceis e a expansão que o esclarecimento pode acrescentar à nossa nobre herança de boa saúde, grandes riquezas e muita felicidade.

Nota da autora

Através dos generosos dízimos oferecidos ao longo dos anos, os leitores de meus livros me ajudaram financeiramente a estabelecer três novas igrejas — a mais recente delas uma congregação global e não sectária, a *Unity Church Worldwide*, com sede em Palm Desert, Califórnia.

Meus agradecimentos pela ajuda que já nos deram e por continuarem a partilhar conosco.

Os leitores que quiserem entrar em contato com Catherine Ponder, ou com sua igreja para ajuda com orações, livros ou motivos diversos, podem escrever para:

Catherine Ponder
P.O. Drawer 1278
Palm Desert, CA 92281
USA

Sucessos de
ZIBIA GASPARETTO

Romances mediúnicos, crônicas e livros. Mais de 16 milhões de exemplares vendidos. Há 20 anos, Zibia Gasparetto é uma das autoras nacionais que mais vendem livros.

Romances
Ditados pelo espírito Lucius

- Só o amor consegue
- A vida sabe o que faz
- Se abrindo pra vida
- Vencendo o passado
- Onde está Teresa?
- O amanhã a Deus pertence
- Nada é por acaso
- Um amor de verdade
- Tudo valeu a pena
- Tudo tem seu preço
- Quando é preciso voltar
- Ninguém é de ninguém
- Quando chega a hora
- O advogado de Deus
- Sem medo de viver
- Pelas portas do coração
- A verdade de cada um
- Somos todos inocentes
- Quando a vida escolhe
- Espinhos do tempo
- O fio do destino
- Esmeralda
- O matuto
- Laços eternos
- Entre o amor e a guerra
- O morro das ilusões
- O amor venceu

Crônicas mediúnicas
Espíritos diversos

- Voltas que a vida dá
- Pedaços do cotidiano
- Contos do dia a dia

Crônicas
Ditadas pelo espírito Silveira Sampaio

- Pare de sofrer
- O mundo em que eu vivo
- Bate-papo com o Além
- O repórter do outro mundo

Peças
Zibia Gasparetto no teatro

Coleção que reúne os romances de maior sucesso da autora adaptados para o palco e que promete dar vida às histórias.

- O advogado de Deus (adaptado por Alberto Centurião)
- O amor venceu (adaptado por Renato Modesto)
- Esmeralda (adaptado por Annamaria Dias)
- Laços eternos (adaptado por Annamaria Dias)
- O matuto (adaptado por Ewerton de Castro)
- Ninguém é de ninguém (adaptado por Sergio Lelys)

Outros livros
de Zibia Gasparetto

- Conversando Contigo!
- Eles continuam entre nós - volumes 1 e 2
- Reflexões diárias
- Pensamentos (com outros autores)
- Pensamentos - A vida responde às nossas atitudes
- Pensamentos - Inspirações que renovam a alma

Sucessos de
LUIZ GASPARETTO

Estes livros vão mudar sua vida! Dentro de uma visão espiritualista moderna, vão ensiná-lo a produzir um padrão de vida superior ao que você tem, atraindo prosperidade, paz interior e aprendendo, acima de tudo, como é fácil ser feliz.

- Afirme e faça acontecer
- Revelação da luz e das sombras (com Lucio Morigi)
- Atitude
- Faça dar certo
- Prosperidade profissional
- Conserto para uma alma só (poesias metafísicas)

- Para viver sem sofrer
- Se ligue em você (adulto)

Série AMPLITUDE

- Você está onde se põe
- Você é seu carro
- A vida lhe trata como você se trata
- A coragem de se ver

Livros
Ditados pelo espírito Calunga

- Um dedinho de prosa
- Tudo pelo melhor
- Fique com a luz
- Verdades do espírito

Livros infantis

- Se ligue em você – 1, 2, e 3
- A vaidade da Lolita

Sucessos de SILVANA GASPARETTO

Obras de autoconhecimento voltada para o universo infantil. Textos que ajudam as crianças a aprenderem a identificar seus sentimentos mais profundos, tais como: tristeza, raiva, frustração, limitação, decepção, euforia etc., e naturalmente auxiliam no seu processo de autoestima positiva.

- Fada Consciência 1 e 2

OUTROS AUTORES
Nacionais

Conheça nossos lançamentos que oferecem a você as chaves para abrir as portas do sucesso, em todas as fases da sua vida.

Amadeu Ribeiro

- O amor nunca diz adeus
- A visita da verdade

Ana Cristina Vargas
Ditados por Layla e José Antônio
- Em busca de uma nova vida
- Em tempos de liberdade
- Encontrando a paz

Ditado por José Antônio
- A morte é uma farsa

Annamaria Dias
- Me leva nos braços, me leva nos olhos

Dárcio Cavallini
- Apometria

Eduardo França
- A escolha
- Enfim, a felicidade

Ernani Fornari
- Fogo sagrado

Evaldo Ribeiro
- Eu creio em mim

Flávio Lopes
- A vida em duas cores
- Uma outra história de amor

Floriano Serra
- Nunca é tarde

Getúlio Gomes
- Sai desse corpo que não te pertence

Irineu Gasparetto
- Presença de espírito (pelo espírito dr. Hans)

Leonardo Rásica
- Fantasmas do tempo
- Luzes do passado
- Sinais da espiritualidade

Liliane Moura
- Viajando nas estrelas
- Projeção astral

Lousanne Arnoldi de Lucca
- Alfabetização afetiva

Lucimara Gallicia
Ditado por Moacyr
- Sem medo do amanhã
- O que faço de mim?

Marcelo Cezar
Ditados por Marco Aurélio
- Ela só queria casar...
- O próximo passo
- A vida sempre vence - nova edição
- O amor é para os fortes
- Um sopro de ternura - edição revista e atualizada
- A última chance
- Para sempre comigo
- O preço da paz
- Você faz o amanhã
- Medo de amar
- Nunca estamos sós
- Nada é como parece
- Só Deus sabe

Marcio Fiorillo
- Em nome da lei

Maria Aparecida Martins
- Mediunidade clínica
- A nova metafísica
- Conexão – "Uma nova visão de mediunidade"
- Mediunidade e autoestima

Mario Enzio
- O profissional zen

Mário Sabha Jr.
- Você ama ou fantasia tudo?

Maura de Albanesi
- A espiritualidade e você

Mônica de Castro
Ditados por Leonel

- Virando o jogo
- Jurema das matas
- Uma história de ontem - nova edição
- De frente com a verdade
- De todo o meu ser
- A atriz
- Gêmeas
- Só por amor
- Lembranças que o vento traz
- Giselle – a amante do inquisidor
- Segredos da alma
- Greta
- O preço de ser diferente
- Até que a vida os separe
- Com o amor não se brinca
- Sentindo na própria pele

Valcapelli
- Amor sem crise

Valcapelli e Gasparetto
- Metafísica da saúde - 4 volumes

Sérgio Chimatti
- Apesar de parecer... ele não está só

OUTROS AUTORES
Internacionais

Arrisque-se ao novo e prepare-se para um surpreendente caminho de autodescoberta.

Bärbel e Manfred Mohr
- Sabedoria do coração

Bärbel Mohr
- Guia do verdadeiro milionário

Charles F. Haanel
- Psicologia nova

Christina Donnell
- Sonhos e transcendência

Catherine Ponder
- Abra sua mente para receber
- Leis dinâmicas da cura
- Segredos da cura de todos os tempos

Chris Griscom
- A evolução de Deus

Deepak Chopra e Kristina Tracy
- No caminho para uma vida feliz

Eli Davidson
- De derrotada a poderosa

Etan Boritzer
- Coleção "A descoberta" – 10 volumes

Gillian Heal
- O fantástico cachecol do vovô urso

Ian Stevenson
- Reencarnação: vinte casos
- Casos europeus de reencarnação
- Crianças que se lembram de vidas passadas
- Xenoglossia

Joachim Masannek
- Feras Futebol Clube – 13 volumes

John Parkin
- Dane-se!
- Dane-se! (ilustrado)

Joan Sotkin
- Desenvolva seus músculos financeiros

John Randolph Price
- O livro da abundância

Marc Allen
- O livro da realização
- Sucesso para um preguiçoso

Mathew McKay e Patrick Fanning
- Autoestima

Michael A. Singer
- Alma livre

Michael Newton
- Lembranças de outras vidas

Nikki de Carteret
- O poder da alma

Pauline Wallin
- Tire proveito dos seus impulsos

Peggy McColl
- A solução

Sandra Ingerman
- Resgate da alma
- Cure pensamentos tóxicos
- Jornada xamânica

Sankara Saranam
- Deus sem religião

Serge Kahili
- Xamã urbano

Tsultrim Allione
- Alimente seus deuses e demônios

Rua Agostinho Gomes, 2.312 – SP
55 11 3577-3200

grafica@vidaeconsciencia.com.br
www.vidaeconsciencia.com.br